Inhalt

Einleitung

Die Befähigung zu Ungewöhnlichem ist zum Teil von unserem Willen abhängig, teils aber wird sie uns bei der Geburt in die Wiege gelegt – oder auch nicht. Am schwersten fällt uns eine ungewöhnliche Tat, wenn sie eine plötzliche Willensanstrengung erfordert. Leichter vollbringen wir sie, wenn es sich um die Konsequenz langjähriger gleichmäßiger Anstrengungen handelt – und am allerleichtesten, wenn die Tat unserem natürlichen Wesen entspricht und so einfach geschieht wie das Atemholen.

So erfreute sich beispielsweise Rusjka Doronin, während in der ganzen Sowjetunion nach ihm gefahndet wurde, mit größter Selbstverständlichkeit und kindlichem Lächeln seines Daseins.

Alexander Solschenizyn: „Der erste Kreis der Hölle"

Angst kann unser Leben retten, weil sie uns Gefahren bewusst macht. Sie kann uns aber auch lähmen. Angst nimmt die Wirklichkeit nicht so wahr, wie sie ist, und Entscheidungen, die wir unter dem Einfluss der Angst treffen, können gefährlich werden.

Angst wurde häufig instrumentalisiert, um zu herrschen und auszubeuten.

Keiner kann behaupten, er hätte niemals Angst gehabt. Deshalb ist es wichtig, sich ihrer Gefahren bewusst zu werden, damit man besser mit ihr umgehen und der Wahrheit des Evangeliums treu bleiben kann.

In fast drei Jahrzehnten im Dienst für die verfolgte Kirche beim Hilfswerk Open Doors bin ich vielen Männern und Frauen begegnet, die wegen ihres christlichen Glaubenszeugnisses mit Angst konfrontiert waren. Manchen wurde sie sogar zu einem täglichen Begleiter, der unbewusst ihr Handeln und Denken bestimmte. Andere wagten nicht, von ihrer Angst zu sprechen, aus Sorge, dass ihnen das als mangelnder Glaube ausgelegt würde. Wieder andere waren nicht bereit, sich in gefährliche Situationen zu begeben.

Das alles ist nichts Neues, im Gegenteil, es gehört zur Geschichte der Kirche und hat sogar ihre Entwicklung beeinflusst. Deshalb ist es wichtig, über die Angst zu reden, die Erfahrungen jener weiterzugeben, die sie am eigenen Leib erlebt haben, und ihre Mechanismen, Ursachen und Auswirkungen zu beschreiben.

Wenn ich selbst über das Thema Angst gesprochen habe, dann vor allem bei den Verfolgungsseminaren von Open Doors in islamischen Ländern Afrikas und Asiens. Ziel dieser Seminare ist es, Christen in Ländern, die dem Evangelium gegenüber feindlich eingestellt sind, vorzubereiten und sie zu ermutigen, an ihrem Glaubenszeugnis festzuhalten. Viele der Teilnehmer, Pastoren, Evangelisten und Gemeindeälteste, haben betont, wie wichtig dieses Thema für sie ist – einerseits, weil es ihnen die Sache bewusst macht, und andererseits, weil es ihnen hilft, damit umzugehen. Beispiele wie von jenem afrikanischen Pastor, der bezeugte, während eines Seminars von der Angst geheilt worden zu sein, sind nicht selten. Genauso wie die Bitten, die regelmäßig an mich herangetragen wurden: „Können Sie das, was Sie uns hier vortragen, nicht aufschreiben, damit wir uns darauf berufen und andere Christen vorbereiten können?"

Deshalb entstand dieser Text. Er erhebt nicht den Anspruch, das Thema erschöpfend zu behandeln, sondern will vielmehr zum eigenen Nachdenken anregen. Richtet er sich nur an Christen, die mit Verfolgung zu rechnen haben? Gewiss nicht. Er ist für jeden bestimmt, der sich unter dem Blickwinkel des Glaubens mit dem Thema Angst beschäftigen will. Denn schließlich kann jeder, egal was er glaubt, mit der Angst konfrontiert werden, in welcher Gestalt auch immer. Wichtig ist, gut darauf vorbereitet zu sein, damit man seiner Berufung, Jesus Christus unter allen Umständen zu bezeugen, unter allen Umständen treu bleiben kann.

Angst

Angst als Teil des Lebens

Seit jeher gehört die Angst zum Leben des Menschen. Sie beeinflusst seine Entscheidungen und bestimmt sein Verhalten. Sie kann immer und überall auftreten. Überraschung ist eines ihrer Hauptmerkmale. Die Geschichte der Jünger von Jesus, die mit ihrem Boot den See Genezareth überqueren, kann uns dafür als Beispiel dienen: Es war spätnachts und es wehte ein heftiger Wind, aber da sie an stürmisches Wetter gewöhnt waren, war dies für sie eigentlich kein Grund zur Beunruhigung. Bis zu dem Moment, als sie Jesus auf dem Wasser auf sich zukommen sahen. Da schrien sie vor Entsetzen, weil sie ihn für ein Gespenst hielten (siehe Matthäus 14,25-26).

Ereignisse, die nicht in unser Denkschema passen, überraschen uns und erschüttern unser Vertrauen. Sie sind potenzielle Quellen der Angst und verändern unsere Wahrnehmung wie beim Beispiel der Jünger, die Angst bekamen und ihr Urteilsvermögen verloren. „Gespenst", „Phantom", auf Griechisch *phantasma*, kann auch „Wahnvorstellung" heißen!

Aber die Worte von Jesus: „Seid getrost, ich bin's; fürchtet euch nicht!", helfen ihnen, in die Realität zurückzukehren. Petrus wagt sogar, auf den Wellen zu Jesus zu gehen. Mutig, aber nicht waghalsig, zerstreut er noch den letzten Zweifel, bevor er losgeht: „Herr, bist du es, so befiehl mir, zu dir zu kommen auf dem Wasser." Bist du es … Das ist die absichernde Frage vor jedem Schritt des Glaubens. Der Aufbruch ins Ungewisse ist immer von Angst begleitet. Doch beruhigt verlässt Petrus das Boot und macht ein paar Schritte. Dann aber spürt er den Wind, bekommt Angst und beginnt zu sinken! Die Angst vor dem Wind gewinnt die Oberhand über sein Vertrauen zu Jesus, der doch so nahe ist. Verzweifelt klammert er sich an das Leben und ruft: „Herr, hilf mir!" Und der Herr zieht ihn aus dem Wasser (nachzulesen in Matthäus 14,27-30). Egal, in welcher Situation wir uns befinden, ob Ängste uns quälen oder der Glaube fehlt, immer können wir rufen: „Herr, hilf mir!" Die Gnade Gottes ist stärker als unsere Ängste!

Wenn Jesus unsere Ängste und Befürchtungen kennt, dann deshalb, weil er sie selbst durchlitten hat. In Gethsemane rang er „mit dem Tode und betete heftiger. Und sein Schweiß wurde wie Blutstropfen, die auf die Erde fielen" (Lukas 22,44).

Kreuz und Tod und den Moment vor Augen, in dem er das Leid und die Sünde der ganzen Welt auf sich nehmen sollte, wurde er von einer äußersten Angst ergriffen. „Gott selbst hat den Tod gefürchtet", schrieb Corneille[1]. Ein anderer französischer Schriftsteller, Charles Péguy, meint sogar, verglichen mit der Angst in Gethsemane sei das Leid auf Golgatha, „nur noch die Durchführung" gewesen.

Wenn Jesus selbst Angst hatte, wie viel anfälliger sind dann wir. Es genügt nicht zu meinen, wenn wir dem Satan gebieten, sei der Sieg errungen. Jeder Sieg enthält einen Anteil an Ängsten: Angst, zu leiden, etwas zu unternehmen, zu reden, zu entscheiden, ausgelacht zu werden, zu bezeugen – Angst vor dem Risiko, dem Unvorhergesehenen, dem Unbekannten, dem anderen. Die Liste ist lang. Deshalb ist es wichtig zu verstehen, wie diese Sache funktioniert, von der man sagt, sie sei ein schlechter Ratgeber. Oder – wie die alte Weisheit lautet: Man muss „den Feind kennen, um ihn besiegen zu können".

Angst – was sie ist, woher sie rührt und wie sie wirkt

Die Angst ist eines unserer Grundgefühle und einer der ersten Instinkte in der Tierwelt. Es gibt angeborene Ängste, die unabhängig sind von jeglicher Erfahrung, wie etwa die Trennungsangst beim Kind.[2] Daneben gibt es Ängste, die im Laufe des Lebens erworben werden. Angst ist ein Oberbegriff für Dinge wie Entsetzen, Verwirrung, Beklemmung, Furcht, Bestürzung, Grauen, Panik, Unruhe oder Besorgnis. Auch wenn die Aufzählung nicht vollständig ist, zeigt sie doch die Bandbreite der Angst. Psychologen unterscheiden im Deutschen zwischen „Angst" und „Furcht": „Angst" bezieht sich nicht auf ein konkretes Ereignis, ist also ein allgemeines Gefühl. „Furcht" dagegen entsteht aus der Perspektive und Erwartung einer konkreten Gefahr. Angst und Furcht werden im alltäglichen Sprachgebrauch jedoch überwiegend gleichgesetzt, eine Praxis, der auch dieses Buch teilweise folgt.

Die Angst, sofern sie das Denken nicht lähmt, ist ein hervorragendes Warnsystem, das erlaubt, im Fall einer Gefahr wirkungsvoll zu handeln. Andererseits kann sie den Einzelnen destabilisieren, ein Gefühl der Verzweiflung hervorrufen und eine falsche Wahrnehmung der Ereignisse bewirken.

In einem französischen Wörterbuch[3] findet man eine Definition von Angst, die auch in ihrer deutschen Übertragung zutreffend ist: Sie ist das *Bewusstsein einer echten oder eingebildeten Gefahr*. Im Deutschen spricht man von einem unbestimmten, oft grundlosen Gefühl des Bedrohtseins. Mithilfe dieser Definition versteht man, dass die Angst auf zwei Ebenen spielt, der wirklichen und der eingebildeten. Da diese häufig zusammenhängen, ist eine der Konsequenzen der

Angst die Entstellung der Wirklichkeit und eine verzerrte Wahrnehmung. Das Akronym von „fear" (Angst auf Englisch) beschreibt dies eindrücklich:

False **E**vidence **A**ppearing **R**eal – Falsche Indizien, die echt wirken.

Ablehnung der Vernunft, Aberglaube oder der Glaube an das Übersinnliche sind Einstellungen, welche die Angst begünstigen, denn die Einbildung neigt dazu, die Wirklichkeit zu ersetzen. Im Animismus werden konkrete Gegenstände sogar in spirituelle Objekte verwandelt. Einen Baum zu fällen wird so zu einem gefährlichen Unternehmen, denn man riskiert, den Zorn des in ihm wohnenden Geistes zu entfesseln. Im Gegensatz dazu erklärt die Bibel vom ersten Buch Mose an, dass alles dem Menschen untertan ist. Sonne und Mond sind nichts anderes als Lichter, um die Erde zu erhellen (siehe 1. Mose 1,14-18). Es gibt also überhaupt keinen Grund, sie zu fürchten.

Früher war das Meer ein typischer Ort der Angst. Deshalb gibt es aus der alten Zeit ganze Bücher über die fantastischsten und schrecklichsten Ungeheuer, die von den Seeleuten „gesehen" wurden, wenn sie den entfesselten Elementen, beklemmendem Nebel oder rabenschwarzen Nächten hilflos ausgeliefert waren. Heute, angesichts der technischen Sicherheit moderner Schiffe, ist diese Welt der eingebildeten Ungeheuer verschwunden und mit ihr die Angst vor ihnen. Paradoxerweise hat unsere übergescheite Welt jedoch an anderen Orten neue Ängste erzeugt.

„In Wirklichkeit bleiben unsere großen Ängste bestehen, ganz einfach weil wir ihnen mit unserem Verhalten gehorchen und fliehen. Und wir gehorchen ihnen in unserem Denken, indem wir um uns herum nur noch Gefahren und Bedrohungen sehen. Die Angst beeinflusst damit unsere Intelligenz.

Zum Glück weiß man heute, wie man sie in ihre Schranken weist."[4]

Zu allen Zeiten wurde die Angst benutzt, um zu manipulieren und zu herrschen. Ideologien, Diktatoren, Religionen haben sie ausgiebig gebraucht, um Völker zu unterwerfen und zu lenken. Die Französische Revolution mit ihrem Terror war das erste Regime, das – durch zahllose Hinrichtungen, willkürliche Verhaftungen und systematische Denunziationen – die Angst als Herrschaftsinstrument einführte.

Ähnliche Methoden machten sich Ideologien des 20. Jahrhunderts zunutze. Um die Menschen zu mobilisieren, musste man „Volksfeinde" erfinden, Sündenböcke, die der Ursprung alles Bösen sein sollten. Der Begriff „Feind", innerer oder äußerer, spielt in einem solchen Zusammenhang überhaupt eine große Rolle. Im Inneren verpflichtet ein totalitäres Regime den Einzelnen, sich für oder gegen das System zu entscheiden – wer nicht für mich ist, ist gegen mich. Wer es wagt, sich zu widersetzen, wird selbst zum Feind und muss die Konsequenzen tragen.

Für den, der geistlich und geistig nicht zum Widerstand gerüstet ist, ist die Entscheidung, die Reihen zu schließen, sicher sehr verführerisch. Der äußere Feind wird als Bedrohung dargestellt, weil er eine andere Religion, eine andere „Rasse" oder politisches System hat (zum Beispiel die westlichen Demokratien). Darum muss man die Angst vor dem Feind schüren und ihn bekämpfen. Das Bild des Feindes ist die Nahrung totalitärer Herrschaft, einer geistigen Macht, zu deren furchtbarsten Waffen die Angst gehört.

Während der Inquisition gebrauchte die katholische Kirche totalitäre Methoden, um die Gläubigen in einer sogenannten Rechtgläubigkeit zu halten. Wer sich weigerte, galt als Häretiker, wurde gefoltert oder zum Scheiterhaufen verurteilt. Unter dem Regime der Angst gab es weder Wahl-, noch Entscheidungsfreiheit. Das widersprach völlig dem Geist des Evangeliums. Wo die Angst regiert, ist die Freiheit verbannt. Immer, wenn die Kirche die Angst instrumentalisierte, entfernte sie sich von der Botschaft des Kreuzes und verriet ihre Berufung.

„Im Herzen des Menschen oder besser gesagt in seinem Geist ist ihr wirklicher Sitz. Dort übt sie ihre gesamte Macht aus.“[5]

Vom christlichen Standpunkt aus gesehen ist die Angst ein wichtiger Aspekt im geistlichen Kampf. Sie kann den Gläubigen bis ins Herz treffen, wie das Beispiel von Jesus in Gethsemane zeigt, wo sein Entschluss, den Willen des Vaters zu tun, für ihn den Tod bedeutete. „Vater, willst du, so nimm diesen Kelch von mir; doch nicht mein, sondern dein Wille geschehe!“ (Lukas 22,42) Wenn diese Worte die tiefe Menschlichkeit von Jesus deutlich machen, so zeigen sie doch auch, dass Jesus seine unbeschreibliche Angst durch den bedingungslosen Gehorsam gegenüber dem Vater überwand, der ihn in seiner Einsamkeit nicht verließ. Wie der Evangelist Lukas betont, „erschien ihm aber ein Engel und stärkte ihn“ (Lukas 22,43).

Jede Angst, die dazu dient, den Menschen vom Gehorsam gegen Gott abzubringen, muss im geistlichen Kampf als satanischen Ursprungs betrachtet werden. Und der Widersacher scheut sich nicht, sie in allen möglichen Lagen virtuos zu nutzen. Deshalb ist es gut, sich an die Worte Davids zu erinnern: „Und ob ich schon wanderte im finstern Tal, fürchte ich kein Unglück; denn du bist bei mir“ (Psalm 23,4).

Doch so wichtig es ist, sich der Realität des geistlichen Kampfes bewusst zu sein, darf man doch nicht in die Falle einer Überspiritualisierung tappen, die immer und überall den

Teufel und seine Helfershelfer am Wirken sieht. Ich erinnere mich an das Gebet des Leiters einer Gruppe von jungen Arabern, die in ein Land in Nordafrika aufbrachen: „Bewahre unsere jungen Leute, die sich in Satans Reich wagen!" Warum sollte dieses Land mehr als andere ein Reich des Satans sein? Warum wurden diese jungen Leute so beeinflusst, obwohl die Gefahr praktisch nicht existierte? Mussten sie nicht, derart vorbereitet, überall nur Feinde sehen? Wie soll man von der Liebe von Jesus zeugen, wenn man Angst hat? Auf der anderen Seite, aber im selben Geist, gibt es die Versuchung, Gefahren und böse Mächte als Entschuldigung zu gebrauchen, um nichts tun zu müssen. Wie ein afrikanisches Sprichwort sagt: „Wer seinem Bruder nicht helfen will, sagt, ein Löwe sei auf dem Weg."

Mit Angst konfrontiert

Die Geschichten von zwei biblischen Persönlichkeiten, von König Saul und dem Propheten Daniel, geben uns einen guten Anschauungsunterricht, wie Menschen sich angesichts der Angst verhalten.

König Saul

Durch den Propheten Samuel hatte Gott König Saul einen Befehl erteilt: Die Israeliten sollten nach einem Sieg über die feindlichen Amalekiter an allem, was dem Feind gehörte, den Bann vollstrecken (das heißt, es vernichten). Doch Saul und das Volk verschonten nicht nur Agag, den König der Amalekiter, sondern auch die besten Tiere und alles, was von Wert war. Dem Bann überließen sie nur, was nichts taugte oder gering war. Denn sie wollten damit ihren Besitz vergrößern. Als Samuel das merkte, stellte er Saul zur Rede. Der entgegnete: „Ich habe gesündigt, dass ich des Herrn Befehl und deine Worte übertreten habe; denn ich fürchtete das Volk und gehorchte seiner Stimme" (1. Samuel 15,24).

In dieser Geschichte, deren Grausamkeit heute überraschen mag, hatte Saul nicht den Mut zu bedingungslosem Gehorsam. Die Angst, unpopulär zu sein, seinen Thron wanken zu sehen, hielt ihn davon ab, Gott zu gehorchen. Die Folgen waren tragisch: „Samuel sprach zu Saul: Ich will nicht mit dir umkehren; denn du hast des Herrn Wort verworfen, und der Herr hat dich auch verworfen, dass du nicht mehr König über Israel seist" (1. Samuel 15,26). Nur auf die eigenen Interessen bedacht und vom Wunsch getrieben, zu gewinnen, verlor Saul alles.

Gewiss, der Gehorsam im Glauben ist riskant. Doch die Entscheidung, Gottes Willen zu tun, hilft Menschen, ihre Ängste zu überwinden und ihre Grenzen immer weiter zu stecken. Je mehr ein Mensch sich selbst loslässt, desto kleiner wird die Angst und desto besser kann er dienen.

Wer sind die „Sauls" von heute? Anhänger des Zeitgeistes, die sich auf jede aktuelle Idee stürzen? Politiker, die bei ihrem Reden und Handeln nur die nächste Wahl im Blick haben? Geben wir doch zu, dass es einfacher ist, den Splitter im Auge des anderen zu sehen als den Balken im eigenen. Wir schwanken zwischen der Verfolgung unserer eigenen Interessen und dem ernsthaften Wunsch, Gott zu gehorchen. Wer hat sich noch nie gefürchtet, unangenehm aufzufallen, wenn er eine Meinung äußerte, die der allgemein anerkannten widersprach? Wer hat im Beruf angesichts von groben Fehlern oder Ungerechtigkeit noch nie geschwiegen, weil er nicht schief angesehen werden wollte?

Das sind gefährliche Fallen, weil sie uns von der Wahrheit und in der Folge von Gott wegziehen. Deshalb ist es so wichtig, sich selbst gegenüber ehrlich zu bleiben und darauf zu achten, dass Denken, Reden und Handeln übereinstimmen. Der Apostel Paulus sagt das den Galatern mit anderen Worten, aber nicht weniger deutlich: „Predige ich denn jetzt Menschen oder Gott zuliebe? Oder suche ich Menschen gefällig zu sein? Wenn ich noch Menschen gefällig wäre, so wäre ich Christi Knecht nicht" (Galater 1,10).

Die Geschichte von König Saul nahm eine tragische Wendung, weil er nicht gehorchte und nicht ernsthaft bereute. Bewirken unsere Verfehlungen, unsere Untreue, unsere Ängste ebenfalls, dass wir verworfen werden? Nicht, wenn wir in

Christus sind; aber sie können schwere Schuldgefühle hervorrufen, die wiederum Angst bewirken. Dagegen schreibt Paulus seinem Schüler Timotheus in einem Abschnitt mit vier „so": „Das ist gewisslich wahr: Sterben wir mit, *so* werden wir auch mit leben; dulden wir, *so* werden wir mit herrschen; verleugnen wir, *so* wird er uns auch verleugnen; sind wir untreu, *so* bleibt er doch treu; denn er kann sich selbst nicht verleugnen" (2. Timotheus 2,11-13). Außer wenn wir ihn verleugnen, gibt es also keine Verurteilung. Das nennt man Gottes Gnade!

Daniel und seine Freunde

Die Geschichte von Daniel und seinen Freunden ist ungewöhnlich, weil man darin trotz aller Drohungen und Prüfungen, denen sie ausgesetzt waren, keine Spur von Angst findet. Dabei ist sie weit mehr als eine pure Erzählung. Sie ist der Bericht eines Glaubenskampfes und Widerstands, in dem Gott der Herr ist. Und da, wo Gott ist, wird die Angst überwunden. Das heißt nicht, dass die jungen Leute in ihrer konkreten Situation keinen Ängsten ausgesetzt waren. Wenn sogar Jesus in Gethsemane Angst empfand, wie viel mehr Grund hatten dann sie. Es wäre falsch zu glauben, dass die großen Persönlichkeiten des Alten und Neuen Testaments keine Angst kannten. Wo sie in feindlicher Umgebung zum Glaubenszeugnis aufgerufen waren, sind sie ihr sicher auch von Nahem begegnet; doch durch Gottes Hilfe und ihren Gehorsam konnten sie sie überwinden. Wobei der Gehorsam die geistliche und geistige Vorbereitung braucht, um treu bleiben zu können, und das in ruhigen Zeiten wie in der Krise.

Die Bibel berichtet, Daniel und seine Freunde seien „weise,

klug und verständig …, fähig, an des Königs Hof zu dienen; und er sollte sie in Schrift und Sprache der Chaldäer unterrichten lassen" (die Geschichte findet sich in Daniel 1,4-17). Deshalb hatten sie trotz ihres jungen Alters schon ein klares Urteilsvermögen und Gotteserkenntnis, wie die Bibel bestätigt: „Diesen vier jungen Leuten gab Gott Einsicht und Verstand für jede Art von Schrift und Weisheit. Daniel aber verstand sich auf Gesichte und Träume jeder Art." Sie waren also gut vorbereitet. Dennoch mussten sie noch die Feuerprobe bestehen. Im Palast von Nebukadnezar zum Beispiel traf Daniel eine vorbildliche Entscheidung, die ihn hätte teuer zu stehen kommen können. „Aber Daniel nahm sich in seinem Herzen vor, dass er sich mit des Königs Speise und mit seinem Wein nicht unrein machen wollte, und bat den obersten Kämmerer, dass er sich nicht unrein machen müsste."

Um seines Glaubens willen verlangte dieser junge Mann eine Sonderbehandlung bei der Verpflegung, die den königlichen Anweisungen klar widersprach! Daniel traf seine Entscheidung nicht, weil er so risikofreudig war, denn das wäre fatal gewesen, sondern aus tiefster Überzeugung. Aus seiner Bitte klingt keine Arroganz, sondern Respekt. „Und Gott gab es Daniel, dass ihm der oberste Kämmerer günstig und gnädig gesinnt wurde." Sein beispielhaftes Verhalten war wegweisend: Der Weg war so gut vorbereitet, dass Daniels Freunde sich ohne zu zögern weigerten, die von Nebukadnezar errichtete Statue anzubeten. Ihre Weigerung führte zur Denunziation durch die Chaldäer: „Du hast ein Gebot ergehen lassen, dass … wer aber nicht niederfiele und anbetete, sollte in den glühenden Ofen geworfen werden. Nun sind da jüdische Männer, die du über die einzelnen Bezirke im Lande Babel gesetzt hast, nämlich Schadrach, Meschach und Abed-Nego, die verachten dein Gebot und ehren deinen

Gott nicht und beten das goldene Bild nicht an, das du hast aufrichten lassen" (Daniel 13,10-12).

Obwohl die Folgen ihrer Entscheidung schlimm hätten sein können, zögerten sie nicht, ihr Leben zu riskieren. Suchten sie das Martyrium? Das wäre eine schwere Sünde gewesen, denn man setzt sein Leben nicht leichtfertig aufs Spiel. Tag und Stunde zu bestimmen, ist Gottes Sache. Thomas Beckett, Märtyrer der englischen Kirche, hat das in seiner Weihnachtspredigt im Jahr 1170, vier Tage vor seiner Ermordung, deutlich gesagt: „Ein christlich Martyrium ist niemals ein zufälliges Geschehen … Ein Martyrium ist immer Gottes Absicht, entsprungen aus seiner Liebe zu den Menschen, um sie zu warnen und zu leiten und sie wieder auf seinen Weg zurückzuführen. Es ist niemals die Absicht eines Mannes; denn der rechte Märtyrer ist jemand, der Gottes Werkzeug geworden ist … und der nicht länger irgendwas für sich wünscht, nicht einmal den Ruhm, ein Blutzeuge zu sein."[6] Wenn der Märtyrer nicht mehr an seinem Leben festhält, heißt das nicht, dass er sein Leben verachtet, sondern im Gegenteil, dass er es so sehr liebt, dass er es geben kann, damit andere es finden. Der Märtyrer weiß, dass ihm letztlich niemand das Leben nehmen kann. Gewiss gibt es den biologischen Tod, dem niemand entrinnt, aber keiner hat Zugriff auf unser wirkliches Leben, das in Jesus Christus ewig ist.

Das hilft uns zu verstehen, warum Daniels Freunde sich nicht von Angst überwältigen ließen, als sie in den glühenden Ofen geworfen werden sollten. Zwar hatten sie noch nicht die Heilsgewissheit in Christus, wie wir sie heute haben, aber sie waren beseelt vom Geist Gottes, der in Ewigkeit derselbe ist. Mit ihrer wunderbaren Rettung aus dem Feuerofen zeigt diese Geschichte eindrücklich, dass der Feind nicht das letzte Wort hat.

Beim Tod von Jesus, am Karfreitag, dachte der Satan, er hätte den totalen Sieg errungen. Er ahnte nichts von Ostern und der Auferstehung!

Daniel selbst betete trotz des königlichen Verbots weiterhin dreimal täglich zu seinem Gott. Zur Strafe für diese Treue wurde er in die Löwengrube geworfen, aber sein Vertrauen auf Gott rettete ihm das Leben. Ein Engel hielt den Löwen den Rachen zu. Wie sah es in Daniels Seele aus? Die Geschichte verrät es nicht. Aber in einem Jahrhundert, in dem zahllose Christen um ihres Glaubens willen verfolgt werden, berichten jene, die im Gefängnis waren, genauso von großen Ängsten und Verlassenheit wie von Gottes wundersamer Gegenwart und einer tiefen Verbindung mit ihm. Einer Verbindung, die sie nach ihrer Freilassung so intensiv nicht mehr erlebten. „In gewissem Sinne sehne ich mich nach dem Gefängnis zurück", meinte Vater Gheorghe Calciu, ein orthodoxer Priester, der unter dem kommunistischen Diktator Ceausescu in Rumänien 21 Jahre im Gefängnis saß.

Daniel vertraute Gott, er überwand die Angst und sah Gott wirken. Doch mehrmals in seinem Leben als Prophet heißt es, dass er „beunruhigt" war über die Träume und Visionen, die er deuten sollte. „Da war Daniel, der auch Beltschazzar heißt, eine Zeit lang ganz verstört; denn seine Gedanken machten ihm Angst" (Daniel 4,16; vgl. Daniel 7,28 und 8,17). Der Schritt des Glaubens mag ein Schritt ins Ungewisse sein. Aber ist er nicht auch ein Schritt Richtung Leben? Die Angst sperrt ein; der Glaube öffnet neue Horizonte.

Prüfung für zwei Freunde

Obwohl Jahrtausende uns von Saul und Daniel trennen – die Situationen, in denen viele Christen sich heute wiederfinden, sind im Grunde dieselben, denn das menschliche Herz hat sich nicht verändert. Die Geschichten von zwei meiner Freunde, Gerhard Hamm, einem russischen Evangelisten, und Idris Nalos, einem sudanesischen Pastor, zeigen das deutlich.

Für eine Kiste Wodka

Gerhard Hamm, eines von zwanzig Kindern einer Baptistenfamilie, war in der Sowjetunion ein sehr bekannter Evangelist. Der Name verrät die deutsche Herkunft seiner Vorfahren, die im 18. Jahrhundert nach Sibirien ausgewandert waren. In diesen Einwanderergemeinden hatte sich das Deutsche als Umgangssprache erhalten, obwohl jeder auch Russisch konnte. Im Zweiten Weltkrieg wurde Gerhard Hamm wegen seiner deutschen Abstammung als „Verräter" festgenommen und zu fünf Jahren Arbeitslager in Workuta verurteilt, der berüchtigten Stadt in einer verlassenen Gegend nördlich des Polarkreises. Im Winter herrschten dort Temperaturen bis minus 56° Celsius. Die Gefangenen wurden nur dann von der Arbeit befreit, wenn das Thermometer unter −42° fiel. Gerhard Hamm musste in einer Kohlengrube arbeiten. Hunger, Grausamkeiten der Wärter und Schikanen gehörten zu seinem Alltag. Die Temperatur im Bergwerk war warm und angenehm, aber sie ließ das Eis schmelzen, das nun überall von den Wänden tropfte. Wenn die Grubenarbeiter am Ende des Tages nach oben kamen, um in der eisigen Kälte den langen Marsch ins Lager anzutreten, waren sie vollkommen nass. Viele starben vor Kälte und Hunger. Gerhard, der über eine robuste Gesundheit verfügte, überlebte.

Nach der Entlassung aus dem Lager im Jahr 1947 musste er noch zehn weitere Jahre als Verbannter in Workuta bleiben. Alle fünf Tage hatte er sich beim Polizeikommissariat zu melden, denn es war ihm nicht erlaubt, die Gegend zu verlassen. Dafür durfte er sich vor Ort frei bewegen. So fand er Arbeit in einer Zementfabrik. Nach einiger Zeit wurde er aufgrund seiner Fähigkeiten und seiner Ehrlichkeit zum Stellvertreter des Direktors ernannt. Als solcher musste er Mitglied der kommunistischen Partei werden. Der Posten in jener Fabrik dürfte nicht sonderlich begehrt gewesen sein, denn in den 15 Jahren, die er dort arbeitete, sah Gerhard Hamm 16 Direktoren kommen und gehen. Es überrascht nicht, dass niemand in dieser weißen Hölle Karriere machen wollte.

Eines Tages kam eine Parteidelegation zu einer Inspektion. Der Direktor wollte den Genossen einen angenehmen Empfang bereiten. Er wusste, dass ihr Missfallen seiner Karriere schaden konnte. Der Direktor rief also Gerhard Hamm an und befahl: „Komm in mein Büro, ich muss dir ein paar Anweisungen erteilen!" Gerhard Hamm kam, klopfte an die Tür und hörte ein lautes: „Herein!"

„Was kann ich für Sie tun, Genosse Direktor?"

„Kauf eine Kiste Wodka, damit ich sie meinen Kollegen zum Trinken anbieten kann!"

Mit zugeschnürter Kehle erwiderte Gerhard Hamm: „Genosse Direktor, ich gehorche jedem Ihrer Befehle, aber diesem kann ich nicht gehorchen. Ich bin gläubiger Baptist und Alkohol ist bei uns verboten. Es tut mir leid."

„Raus!", brüllte der Direktor, außer sich vor Wut.

Gerhard Hamm war verzweifelt. Wie hatte er es wagen können, im Beisein einer Delegation von Parteimitgliedern einen Befehl zu verweigern? Das war Wahnsinn. Als er am Abend nach Hause kam, erzählte er alles sofort seiner Frau Helene: „Ist dir klar, dass ich damit riskiert habe, wieder ins Arbeitslager geschickt zu werden? Die Parteimitglieder und der Direktor werden mir nie verzeihen, dass ich mich geweigert habe. Sie brummen mir bestimmt eine neue Strafe auf." In Gedanken sah er schon wieder die Mine vor sich, die schlechte Behandlung, den Hunger und die Kälte. Die nächste Nacht verbrachten er und Helene voller Angst und Tränen und flehten zu Gott, dass er ihnen die erneute Prüfung ersparte.

Am nächsten Morgen kehrte Gerhard Hamm in den Betrieb zurück wie einer, der zum Schafott verurteilt war. Kaum angekommen, läutete sein Telefon. Es war der Direktor: „Komm sofort in mein Büro!"

Als er an die Tür klopfte, war er auf das Schlimmste gefasst. Eine Stimme donnerte: „Herein!" Kaum eingetreten, streckte der Direktor ihm mit einem breiten Lächeln die Hand entgegen: „Danke, Genosse Gerhard. Du hast mir mit deiner Weigerung, den Wodka zu kaufen, eine ganze Summe Geld gespart. Nochmals vielen Dank!"

Gerhard Hamm hätte auf diese Prüfung seiner Ehrlichkeit gut verzichten können. Sicher, er hatte den Mut gehabt, seiner Überzeugung entsprechend zu handeln, aber das hatte ihn nicht davor bewahrt, eine Nacht voller Angst zu verbringen.

Die Angst hat viele Facetten und ist oft der Preis, den man zahlen muss, wenn man sich mutig verhält. Aber gerade an solchen Prüfungen kann der Mensch wachsen. Wenn Gold im Feuer geläutert wird, dann haben notvolle Situationen denselben reinigenden Effekt für die Gläubigen, die so ihre Erfahrungen mit der Treue Gottes vertiefen können.

Nach der Zeit der Verbannung blieb Gerhard Hamm, als freier Bürger, noch weitere zehn Jahre in Workuta, weil jeder, der in dieser feindseligen Umgebung freiwillig zum Arbeiten blieb, im Jahr zweieinhalb Monate Urlaub bekam. „Das war ein unverhofftes Geschenk, denn ich konnte in dieser Zeit in der ganzen Sowjetunion evangelisieren."

Evangelisieren stand im Kommunismus unter strenger Strafe. Es gab also noch genug Situationen, in denen er Angst haben konnte. Doch Gerhard Hamm pflegte zu sagen: „Wir haben alle Hasenblut in unseren Adern. Wenn die Polizei dich jagt, dann lauf, so schnell du kannst, damit sie dich nicht schnappen. Aber wenn du festgenommen und aufs Kommissariat gebracht wirst, dann sei ein Mann!" Dieser mutige und demütige Freund – denn vergessen wir nicht, dass Mut auch arrogant machen kann – hatte also auch einen bemerkenswerten Sinn für Humor. Gerhard Hamm war ein freier Mann.

Ich sah die, die gerettet wurden

Idris Nalos, ein afrikanischer Animist im Südsudan, der zum christlichen Glauben fand, gehört zu der Sorte von Männern, die sich durch nichts aufhalten lassen, wenn sie sich einmal etwas vorgenommen haben. Schon kurz nach seiner Bekehrung wurde er Evangelist. Er predigte selbst in den entlegensten Gebieten des Landes und gründete im Laufe weniger Jahre drei Gemeinden. Wegen seiner evangelistischen Tätigkeit wurde er schon bald als gefährlich eingestuft, von den islamischen Behörden verhaftet und ins Gefängnis gesteckt. Dort wurde er 21 Tage lang gefoltert, weil man ihn dazu bringen wollte, seinem christlichen Glauben abzuschwören. Jeden Tag wurde er stundenlang geschlagen. Man ließ ihn nicht schlafen, damit er mental der Hölle nicht entkommen konnte, auch nicht für ein paar Minuten. Idris Nalos hatte Angst, zusammenzubrechen und Jesus zu verleugnen wie der Apostel Petrus. Mit letzter Kraft betete er: „Herr, lass nicht zu, dass ich so bin wie Petrus. Ich kann bald nicht mehr. Hilf mir!" Und Gott antwortete mit einem Bild, auf dem Idris alle sah, denen er das Evangelium gepredigt hatte, wie sie nun die gute Nachricht an andere weitergaben. „Ich sah alle, die gerettet worden waren", erzählt er. Durch dieses Bild erkannte er, dass andere weitermachten, auch wenn man ihm das Leben nehmen würde. Das war für ihn entscheidend. Die wunderbare Antwort Gottes bestätigte das Wort Davids: „Als einer im Elend rief, hörte der Herr" (Psalm 34,7).

Von diesem Moment an hatte Idris Nalos keine Angst mehr um sein Leben und widerstand, sodass seine Peiniger ihn nach drei Wochen Folter ohne Erklärung freiließen. Sein Zustand war jämmerlich und er hatte einen Kieferbruch. Aber Freunde pflegten ihn und er kam schnell wieder auf die Beine. Zäh, wie er war, ließ er sich nicht irremachen – für ihn zählte nur eines: das Evangelium zu verkündigen. Was machte es, dass der Kiefer schmerzte und der Leib litt.

Um einer neuerlichen Verhaftung zu entgehen, emigrierte er in den Norden, nach Khartum, und gründete dort drei neue Gemeinden! Mitten in islamischem Gebiet war das ein großes Wagnis, aber er hatte gelernt zu vertrauen und hatte keine Angst mehr.

Ich lud Idris in die Schweiz ein, um Zeugnis zu geben von den Prüfungen, die er um seines Glaubens willen erlitten hatte, und in von Open Doors organisierten Veranstaltungen von den Gemeinden seines Landes zu berichten. Sein Kiefer war noch immer nicht in Ordnung und die Zähne saßen schief. Auf meinen Vorschlag, sich von einem Zahnarzt behandeln zu lassen, erwiderte er, er habe keine Zeit. Im Sudan gebe es noch zu viel zu tun, als dass er ein oder zwei Wochen länger bleiben könnte.

Männer mit einem solchen Feuer sieht man nicht oft. Und manchmal konnte Idris sogar zum „Flammenwerfer" werden! Einigen Sudanesen, die gekommen waren, um ihn zu hören, sagte er ohne Umschweife: „Ihr solltet hier nicht als Flüchtlinge leben, euer Platz ist im Sudan!" Auch einige der Anwesenden hatten im Sudan unter den islamistischen Machthabern Folter erlitten, aber entweder hatten sie nicht die Kraft zum Bleiben gehabt oder sie waren gezwungen worden, aus dem Land zu fliehen. Doch Idris Nalos meinte, was für ihn galt, das gelte für alle.

Man muss jedoch sagen, dass jeder einen anderen Ruf hat und dass manche Menschen stärker sind als andere. Obwohl er kein Blatt vor den Mund nahm, hatte Idris Nalos ein solches Mitgefühl für die Menschen, dass seine Worte trotzdem gut aufgenommen wurden. Bewegt und in großer Demut zitierte er den Apostel Paulus: „Ich trage die Malzeichen Jesu an meinem Leibe" (Galater 6,17). Das war sein Echtheitssiegel. Wegen des schlechten Zustands seines Kiefers konnte man nicht immer verstehen, was er sagte, aber man war gefesselt von seinem Elan. Idris war Angst und Tod ganz unmittelbar begegnet, aber er hatte gesehen, dass die Kraft der Erlösung stärker ist als der Tod.

Ursachen der Angst

Weil es Veränderungen bewirken kann, ruft jede Art von sozialem, politischem oder geistlichem Engagement Widerstand hervor. Opposition, Misstrauen und Verleumdung sind das Los jener, die den Lauf der Dinge ändern wollen. Christen ergeht es nicht anders. Berufen, Jesus zu dienen, sind sie aus der Welt genommen und bleiben doch mitten in ihr. Sie werden deshalb von der Welt als Störfaktoren wahrgenommen, die Konfrontationen und im extremen Fall sogar Verfolgung ausgesetzt sind. Folglich können sie auch mit der Angst konfrontiert werden. Gerade in diesem Zusammenhang ist es wichtig, die Ursachen der Angst zu kennen. Jene Ursachen, die in diesem Kapitel genannt werden, können jeden betreffen, die meisten treffen aber besonders eine Minderheit in einer feindlichen Umgebung, wie die Christen in kommunistischen Ländern, in hinduistischem Milieu oder in Ländern des Islam.

Verfolgung

Verfolgung ist eine der Hauptursachen der Angst. In der Verfolgung sehen Menschen alles Böse, das ihnen widerfahren kann.

Wir haben in uns einen starken Selbsterhaltungstrieb, der uns dazu treibt, vor Leid zu fliehen. Allein schon seine Erwähnung ruft oft Angstgefühle wach. Beim Lesen des Hebräerbriefs kann man sich eines Schauders nicht erwehren, wenn einem aufgeht, welche Qualen die Glaubenshelden durchmachen mussten. „Andere haben Spott und Geißelung erlitten, dazu Fesseln und Gefängnis. Sie sind gesteinigt, zersägt, durchs Schwert getötet worden; sie sind umhergezogen in Schafpelzen und Ziegenfellen; sie haben Mangel, Bedrängnis, Misshandlung erduldet" (Hebräer 11,36-37).

Wenn man nur auf das Leiden sieht, kommt die Lektüre solcher Berichte quasi einer Einladung gleich, dem Glauben abzusagen – wenn es nicht den Aspekt der Hoffnung auf Jesus Christus gäbe. Ohne diese Hoffnung wäre alles Angst und die Verfolgung hätte ihr Ziel erreicht: die Verkündigung des Evangeliums zu stoppen. Deshalb ist es wichtig, aus den Zeugnissen der Kirche gestern und heute zu lernen, um der Angst begegnen und so weit wie möglich standhaft bleiben zu können.

Christenverfolgung
Verfolgung ist eine ungerechte und brutale Behandlung, die einzelnen Christen oder Gemeinden zugefügt wird mit dem Ziel, die Verbreitung des Glaubens zu hindern.
Verfolgung geschieht nicht „blind", sie ist bewusst organisiert.
Auch Bedrängung und Diskriminierung über eine längeren Zeitraum können als Verfolgung betrachtet werden.

Verfolgung in der Vergangenheit und heute

In Eritrea sterben heute über 1000 junge Christen allmählich wegen ihres Glaubens in Gefangenschaft dahin. Die meisten sind in Frachtcontainern eingesperrt. Am Tag werden diese Metallgehäuse unter der unbarmherzigen Sonne zu glühenden Öfen. Nur einige kleine Öffnungen in den Wänden lassen etwas Luft herein, damit die Gefangenen atmen können. 23 ½ Stunden pro Tag verbringen sie so in fast völliger Dunkelheit. Nur eine halbe Stunde dürfen sie heraus, um ihre Notdurft zu verrichten. Manche sind gestorben; einige haben, am Ende ihrer körperlichen und geistlichen Kräfte, dem Glauben abgeschworen, während andere nicht den Mut verlieren und durchhalten.

Solche Qualen sind erschütternd, aber das Beispiel dieser Christen zeigt, dass ihnen durch den Heiligen Geist übermenschliche Kräfte geschenkt werden. Es zeigt auch, dass die Hoffnung auf Christus stärker sein kann als die Angst vor Leid und Tod.

In Albanien verschwand unter der erbarmungslosen Diktatur des Kommunisten Enver Hoxha[7] jeder öffentliche Hinweis auf den christlichen Glauben. 1967 wurden innerhalb von nur zwei Tagen sämtliche Kirchen und Moscheen geschlossen. Einige Kirchen wurden in Museen für den Atheismus umgewandelt. Von öffentlichen Gebäuden verkündeten große rote Banner: „Die Albaner glauben nicht an Gott, weil Gott nicht an die Albaner glaubt." In dieser Wut gegen jede Religion verloren viele Christen das Leben. Um die Kirche noch besser am Kopf zu treffen, wurden die katholischen und orthodoxen Priester in Gefängnissen oder Arbeitslagern interniert oder öffentlich hingerichtet. Die meisten überlebten die Haft nicht. Die Gläubigen waren derart verängstigt, dass die meisten sogar das Gebet aufgaben. Das konnte man zumindest aus einer Rede von Ramiz Alia, dem Nachfolger Enver Hoxhas, heraushören, als er Ende der 1980er-Jahre eine Lockerung der Einschränkungen ankündigte: „Ab heute ist es den Albanern erlaubt, innerlich zu beten." Wenn der christliche Glaube überlebte, dann in absoluter Heimlichkeit. Ein Kontakt mit Ausländern war unmöglich. Bei wem man eine Bibel fand, der wurde zu zwölf Jahren Gefängnis verurteilt.

Wenn die Verfolgung so brutal und unerträglich wird, nimmt auch das Zeugnis des Glaubens ab. Der Überlebenstrieb gewinnt die Oberhand und die Angst lähmt den Geist. Gerhard Hamm, der russische Evangelist, sagte, dass rund ein Drittel der Christen aufhörte, den Gottesdienst zu besuchen, als unter dem sowjetischen Regime die Verfolgung zunahm. Ein weiteres Drittel versuchte den gefährlichen Kompromiss zwischen dem Gehorsam gegenüber den Behörden, die den Gottesdienst verboten, und der Treue zur Kirche. Das konnte nicht gut gehen. Zwischen die Fronten geraten, hörten diese Christen auf, ihren Glauben öffentlich zu praktizieren. Es blieb schließlich nur ein Drittel, das durchhielt und das Risiko auf sich nahm, festgenommen und ins Gefängnis gesteckt zu werden.

Als in Algerien im September 2006 ein antichristliches Gesetz eingeführt wurde, das den Christen verbot, sich an anderen als den vom Staat erlaubten Orten zu versammeln, ging der Besuch der Gottesdienste in manchen Gemeinden um die Hälfte zurück. Die Menschen hatten Angst vor Vergeltungsmaßnahmen, denn trotz wiederholter Schritte der Kirchen wurde keine offizielle Genehmigung für die Einrichtung von Gottesdiensträumen erteilt. Diese Taktik der algerischen Behörden war einfach und hinterhältig genug, um einen großen Teil der Christen zu erschrecken. Doch einige Zeit später gab das Beispiel der Treuen denen, die sich zurückgezogen hatten, neuen Mut und die Kirchen füllten sich wieder.

Diese Beispiele spiegeln die Geschichte der Kirche, die seit der Steinigung des Stephanus, des ersten Märtyrers der Christenheit, bis heute unzählige Verfolgungen durchgemacht hat.

In den ersten Jahrhunderten wurden Christen in den Arenen des Römischen Reiches vor den Augen der Zuschauer, die Blut sehen wollten, wilden Tieren vorgeworfen. Andere wurden gekreuzigt, mit Pech übergossen und während des „Schauspiels" als lebende Fackeln angezündet. Es muss unter den Gläubigen eine unsägliche Angst geherrscht haben, aber die Verfolgungen haben letztlich nie über den Glauben gesiegt. Aus dieser Zeit stammt das Zitat des Kirchenvaters Tertullian: „Das Blut der Märtyrer ist der Same der Kirche." Die Zeugnisse der Märtyrer waren so stark, dass sie der Gemeinde Mut machten durchzuhalten. So wurde über Polykarp, einen der Apostolischen Väter, berichtet: „Dann gab (Polykarp) sich den Häschern gefangen; sie setzten ihn auf einen Esel und führten ihn zur Stadt. Im Richthause wurde der Bischof durch den Statthalter verhört; der sprach zu ihm: ‚Schone deines Alters und ändere deinen Sinn! Opfere dem Kaiser und ich will dich loslassen; lästere Christus, und du sollst leben!' Da antwortete der Bischof: ‚Sechsundachtzig Jahre diene ich ihm, und er hat mir nie etwas zuleide getan; wie sollte ich meinen König lästern, der mich erlöset hat? Ich bin ein Christ!' ... Der Statthalter drohte mit wilden Tieren und mit Feuer und aller Marter; der Bischof blieb standhaft. Da ließ der Statthalter ausrufen: ‚Polykarp hat bekannt, dass er ein Christ sei', und alsbald verlangte die Menge seinen Tod. Eilig und mit großem Eifer wurde Holz herbeigetragen und der Scheiterhaufen errichtet ... Als ihn aber die Knechte an den Pfahl binden wollten, sprach (Polykarp): ‚Lasst mich ungebunden; der mir die Kraft gibt, das Feuer zu erdulden, der wird mir auch verleihen, unbewegt auf dem Scheiterhaufen zu stehen.' So starb Polykarp, der Bischof von Smyrna."[8]

In der Zeit der allgemeinen Verfolgungen im Römischen Reich lebten die Christen zum Teil versteckt in den Katakomben (vor allem in Rom), unterirdischen Höhlengängen, in denen sie ihre Toten begruben. Dazu muss man sagen, dass die stärksten Glaubenszeugnisse gerade dann gegeben wurden, als die Angst eigentlich ihren Höhepunkt hätte erreichen müssen. Das Wirken des Heiligen Geistes übersteigt unser Verstehen und zeigt uns, dass keine Macht der Welt Gottes Werk zerstören kann.

Zwei Jahre nach einer großen Verfolgung im Jahr 313 erließ Kaiser Konstantin das Edikt von Mailand, das den Christen im gesamten Reich die uneingeschränkte Glaubensfreiheit gewährte. Die Zeit der Verfolgungen endete mit einem herrlichen Sieg.

Aber die Umstände können sich ändern. Wie wir gesehen haben, gab es in Albanien zwischen 1945 und 1993 keine sichtbaren Zeichen praktizierten Glaubens. Während einer langen Zeit regierte nur noch die Angst. Wenn in dem Land heute wieder das Evangelium verkündet werden kann, dann sollte uns das nicht dazu verleiten, zu triumphieren und die Niederlagen zu verschweigen.

In Rumänien vertraute ein Pastor mir an, dass unter dem kommunistischen Regime ganze Gemeinden verschwanden. Gewiss hat Gott immer das letzte Wort, aber der Kampf wird nie im Voraus gewonnen.

Die Widerrufung des Edikts von Nantes, das den protestantischen Christen in Frankreich die freie Religionsausübung garantiert hatte, führte 1685 im ganzen Land zu einer Welle der Verfolgung. Versammlungen wurden verboten, aber die Protestanten verstanden es mit großer List, ihre Zusammenkünfte in der „Wüste" zu organisieren, das heißt an einsamen und geheimen Orten. Doch auch dort entdeckten sie die Gendarmen des Königs und nahmen sie fest. Nach pauschalen Verurteilungen wurden die meisten Männer auf die Galeeren verbannt; das übliche Strafmaß betrug 25 Jahre. Die Frauen wurden ins Gefängnis gesteckt wie Marie Durand, die 38 Jahre im „Turm von Constance" in Aigues-Mortes in Südfrankreich eingesperrt war. Man kann in der Zelle noch heute das Wort „résister" (widerstehen) sehen, das sie in den Stein geritzt hat. Marie blieb standhaft. Ein einziges Wort, mit dem sie dem protestantischen Glauben abschworen, hätte diese Frauen und Männer befreit, doch nur wenige gaben der Versuchung nach. Die Beschlagnahmung ihres Besitzes, die Verleumdungen, die willkürlichen Verurteilungen machten ihr Leben jedoch unhaltbar. Und so flohen viele unter Lebensgefahr aus Frankreich, denn auf Auswandern stand als Strafe Tod durch den Strang. Zuflucht fanden sie, die Hugenotten, in den evangelischen Ländern Europas. Zwar hatten sie nichts mitnehmen können, doch sie verfügten über ein wichtiges Kapital, ihr Wissen und ihre Bildung. Die meisten waren fähige Handwerker, andere Ärzte oder Gelehrte. Sie bauten sich ein neues Leben auf und brachten es zu Wohlstand, sodass sie den Ländern, die sie aufnahmen, eine dynamische Entwicklung bescherten.

Die Prüfungen und die Angst hatten ihnen keine andere Wahl als die Flucht gelassen. Es gibt Umstände, in denen dies der einzige Ausweg ist, um sein Leben zu retten. Für Frankreich war der Exodus der Hugenotten ein schwerer Verlust, sowohl im Blick auf Talent und Wissen wie in geistlicher Hinsicht. Andere Länder profitierten davon. Es ist nicht immer die beste Lösung, aus Angst vor der Gefahr zu fliehen. Doch in diesem speziellen Fall hat die Flucht vielen das Leben gerettet. Außerdem wurden sie durch ihre Arbeit und ihren Glauben für ihre Gastländer zum Segen.

Manchmal ist die Verfolgung so raffiniert, dass es sehr schwierig ist, sich ihrer Absicht zu widersetzen: der Verleugnung des Glaubens an Christus und dem Verzicht auf die Verkündigung des Evangeliums. So kämpft die Regierung in Laos heute gegen die christlichen Hmong, eine Bevölkerungsgruppe, denen während der Kolonialzeit das Evangelium gebracht wurde. Da die Hmong im Vietnamkrieg aufseiten der Amerikaner kämpften, werden sie noch immer als Bedrohung für die Sicherheit des Staates betrachtet, der sie der Beziehungen zu „äußeren Feinden" verdächtigt. Das ist zumindest die offizielle Begründung einer Regierung, die ihren Bürgern keine Gedankenfreiheit zugesteht, wenn sie nicht mit ihrer Ideologie übereinstimmen.

Die Haltung der laotischen Regierung schlägt sich nieder im Anzünden von Kirchen, in der Verhaftung von Pastoren und in Folter. Die Verfolgungen haben die Christen gezwungen, im Untergrund zu leben – aber sie halten sie nicht davon ab, zu evangelisieren und Menschen zu Christus zu führen.

Anfang der 2000er-Jahre fanden die Behörden ein fast unfehlbares Mittel, um auch die Weitergabe des Evangeliums zu stoppen. Zunächst schlossen sie praktisch alle Kirchen im Gebiet von Savannakhet[9], wo es viele lebendige Gemeinden gab. Anschließend verfassten sie ein Dokument, mit dem der Unterzeichner seinen Verzicht erklärt, seinen Glauben künftig öffentlich zu praktizieren oder das Evangelium weiterzugeben. Das Dokument wurde den wegen ihrer Aktivitäten verhafteten Christen vorgelegt. Wer sich weigerte, es zu unterschreiben, wurde mitsamt seiner Familie zu langen Haftstrafen verurteilt.

Manche konnten diesen Gedanken nicht ertragen. Sie wussten, dass man ihre Frauen und Töchter im Gefängnis vergewaltigen würde. Zwölf dieser Christen unterschrieben deshalb aus Angst. Es war ein Weg ohne Rückkehr, denn die Drohung weiterer Repressalien bei einem Widerruf hing wie ein

Damoklesschwert über ihnen. Man kann sie nicht verurteilen. In einer solchen Situation muss man sie Gott anbefehlen, der alle Dinge weiß. Inzwischen haben wir aber gehört, dass die meisten dieser verängstigten Christen sich in der ersten Zeit zwar an das hielten, was sie unterschrieben hatten, später aber in ihre wiedereröffneten Kirchen zurückkehrten.

Verfolgung war und ist eine Quelle der Angst. Aber hat der Feind wirklich das letzte Wort? Sicher nicht. Im Rückblick auf die Geschichte steht unzweifelhaft fest: Verfolgung stärkt die Gemeinde.

Absage-Formular

Das folgende Formular zum Abschwören vom Glauben wurde von den laotischen Behörden verfasst. Es zeigt deutlich den Kampf der Behörden gegen die Christen. Vorab eine Erklärung, in welchem Zusammenhang die Christen zur Unterschrift gezwungen wurden.

Zwölf christliche Leiter der Stadt Keng-Kok, Hauptstadt des Distrikts Champhone, wurden am 3. Februar 2000 zusammengerufen. Von bewaffneten Soldaten umstellt, versuchten sie zunächst zu verhandeln und erklärten, dass sie ein solches Dokument nicht ohne Beratung mit ihren Familien unterzeichnen könnten. Angesichts der Drohungen unterschrieben sie aber schließlich doch. Etwas später verschwand eine Person vorübergehend, um das Dokument zu fotokopieren.

Verpflichtung

Wir haben die Dokumente über die Lösung des Problems, welches der Frevel gewisser früherer Militärs darstellt, die religiöse Propaganda verbreiten, sowie jener, die sich verführen ließen und illegal diese Religion angenommen haben, zur Kenntnis genommen.

3.2.2000

Ich, der Unterzeichnende [...], mit meiner Familie, meiner Frau* und allen Kindern, wohnhaft in [Keng-Kok] (Stadtteil ...), Distrikt Champhone, Provinz Savannakhet, Anhänger der ausländischen Religion, welche die Imperialisten benutzen, um Unfrieden zu säen und die Solidarität zu zerstören und eine subversive Kraft gegen die örtlichen Behörden daraus zu machen, wir, meine Familie und ich, haben die Fallen des Feindes erkannt, bedauern unser Handeln und erkennen klar die Güte und Freundlichkeit der Partei und der Regierung und die Gerechtigkeit des neuen Regimes.**

Deshalb erkläre ich mit meiner Familie, bestehend aus [...] Personen, dass ich diese Religion aus freien Stücken verlassen und alle Verbindungen mit ihr beenden und mit meiner Familie die folgenden Verpflichtungen erfüllen werde:

Wir beenden jegliche Ausübung dieser Religion und werden an keiner ihrer Aktivitäten oder Zeremonien mehr teilnehmen.

Wir werden uns an der Bewahrung der sozialen Eintracht und Ordnung im Land beteiligen und ab jetzt mit Partei, Regierung und den lokalen Behörden an der gesellschaftlichen und ökonomischen Entwicklung zusammenarbeiten.

Von heute an sind die Revolutionsbehörden berechtigt, alle nötigen Rechtsmittel zu ergreifen, wenn sie entdecken, dass wir weiter an der Ausübung dieser ausländischen Religion festhalten.

Champhone, den [3.2.2000]
Unterschriften
…

A Die örtlichen Behörden anerkennen diese Absageerklärung. Unterschrift und Stempel des Büros für Kommunikation [dem diese Person untersteht, Journalistin in Keng-Kok***]
…

B Die Person, die sich aus freien Stücken lossagt, Unterschrift und Fingerabdruck

---

* Das Formular wurde in der männlichen Form erfasst. Es wurde auf einer alten Schreibmaschine vervielfältigt. Die eingefügten […] bezeichnen die Stellen, die von Hand auszufüllen waren. Das Formular wurde im Land systematisch eingesetzt.
** „Güte", „Freundlichkeit" und „Gerechtigkeit" sind hier Ausdrücke mit religiösem Beigeschmack.
*** Frau Sisomphone ist Journalistin in Keng-Kok und hat Funktionärsstatus.

Brief eines laotischen Pastors

Brief von Pastor Anousone von Savannakhet[9] in Laos, geschrieben im Juni 2001 und von einem Besucher übermittelt. Der Brief, den wir hier im Original wiedergeben, zeigt, in welchem Umfeld die Christen leben müssen. Die Situation hat sich auch 2012 kaum geändert.

Lieber „atiane" Vanh,

ich glaube und hoffe, dass es euch gut geht und euer Dienst für den Herrn gut läuft. Uns selbst und den Lämmern des Herrn geht es im Moment gesundheitlich gut, aber in unserem Herzen und im Geist sind wir schwer bedrängt. In Laos im Allgemeinen, aber vor allem in der Provinz Savannakhet, ist die aktuelle Situation ganz ähnlich wie zur Zeit von Ester. Wir sind wie Mordechai, aber es fehlt uns eine Ester, die zum Präsidenten des Landes gehen und für uns das Recht fordern könnte, unseren Glauben zu leben. Die verschiedenen Hilfsorganisationen kommen, glaube ich, aus zehn bis zwanzig Ländern, und es sind vor allem die christlichen Organisationen, die den größten wirtschaftlichen Einfluss haben.

Wenn diese Organisationen ihre finanziellen Mittel einsetzen könnten, um zu boykottieren und für die Christen Gerechtigkeit zu fordern, könnte es vielleicht funktionieren, denn was die Regierung am meisten fürchtet, ist, dass die Organisationen ihre Wirtschaftshilfe einstellen. Deshalb haben sie den acht Brüdern aus der Gemeinde von Paksong, Distrikt Song Khone, die sie am 31. Mai 2001 verhaftet haben, auch verboten, das im Ausland bekannt zu machen, und ihnen am 17. Juni gesagt, sie würden alle Christen in der Provinz Savannakhet und anschließend im ganzen Land ausrotten. Unter solchen Umständen können wir nicht mehr gemeinsam beten und in unserer Provinz wie in allen anderen Provinzen Fürbitte tun und haben sieben Tage lang, vom 4. bis 10. Juni, von 8 bis 17 Uhr gefastet und gebetet, um den Willen Gottes und seine Antwort zu suchen. Bis heute beten wir, dass Gott seinen Kindern hilft durch die Unterstützung aller Geschwister, die an dieser Aktion teilnehmen.

Gott segne euch!

PS: Im Moment sind im ganzen Land vierundzwanzig Christen inhaftiert und wenn der aktuelle Druck zunimmt, wird die Zahl noch wachsen.

Von einem der Verantwortlichen, der sich um die Lage des Volkes Gottes Sorgen macht. Amen.

Feindliche Umgebung zu alttestamentlicher Zeit

Zur Zeit des Propheten Haggai bauten sich die Israeliten lieber schöne Häuser, als beim Aufbau des Tempels mitzuhelfen. Man könnte meinen, dass es nur um eine Frage der persönlichen Interessen ging und bei ihnen der Luxus vor der Treue zu Gott kam. Tatsächlich jedoch wurden sie auch von den umliegenden Völkern bedroht, die nicht mit ansehen wollten, wie Israel sich um seinen Gott versammelte und als geeinigte, wiedererstarkte Gemeinschaft zur Gefahr für sie wurde. Die Einschüchterung war stärker als der Eifer der Israeliten. Indem sie jedes Risiko vermieden, gewannen sie Annehmlichkeiten … und verloren einen Teil ihrer Seele.

Anders als die Verfolgung, die frontal und eindeutig erfolgt, kann eine feindliche Umgebung, die mit Einschüchterung, Ausschluss, Diskriminierung oder Drohung arbeitet, in ihren Auswirkungen sehr heimtückisch sein. Eine solche Umgebung ruft keine panische Angst hervor, sondern eher eine Furcht, die zur Resignation – und damit auch zum Aufgeben – führen kann. Wie bereits erwähnt, entsteht die Angst aus der Erwartung einer Gefahr. Wo diese Erwartung bewusst genährt wird, kann sie in einen Teufelskreis münden, aus dem man nicht anders herausfindet als durch den Versuch, sich anzupassen, nicht aufzufallen und die bestehende Ordnung nicht infrage zu stellen. Eine solche Situation entspricht dem Status des „Dhimmi", eines Juden oder

Christen, der sich dem Islam unterwirft und von ihm geschützt wird. Es ist ein Status der Unterwürfigkeit, der von Willkür bedroht wird.

Nordafrika, eines der ersten christlichen Gebiete, wurde nach den arabischen Eroberungen im 7. Jahrhundert nach und nach islamisiert. Diese Islamisierung geschah durch eine raffinierte und anhaltende Bedrängung. Sie bestand zunächst in einer finanziellen Diskriminierung. Die Dhimmis mussten den Muslimen eine Sondersteuer zahlen. „Dann wurden über die Leute des Buches zeitweise Bekleidungs-, Berufs- oder Verhaltensvorschriften verhängt, wie die Pflicht, im Damensattel zu reiten, damit man sie auf den ersten Blick von den Muslimen unterscheiden konnte, die als Einzige befugt waren, im normalen Sitz zu reiten. Es gab sogar punktuelle Verfolgungen. Die Bekehrungen waren massiv."[10] Die über lange Zeit anhaltenden Ungerechtigkeiten, Diskriminierungen und Bedrohungen brachen den Widerstand der Christen. Ab dem 7. Jahrhundert gab es in Nordafrika weithin keine christliche Präsenz mehr. Die einzigen Christen, die blieben, waren die Tausenden von Sklaven, die von den Barbaresken, nordafrikanischen Korsaren vom 16. und bis zum beginnenden 19. Jahrhundert, bei ihren Raubzügen an den europäischen Küsten gefangen genommen wurden. Allein in der Stadt Algier gab es Zehntausende christlicher Sklaven aus Europa, die gegen hohe Lösegelder oder auf Auktionen verkauft und in die ganze islamische Welt verschifft wurden.

Gibt es noch andere Gründe für diesen quasi kollektiven Abfall? Eine der Antworten lautet, dass die Gemeinden keine genügend solide Basis hatten, um den Lehren des Islam zu widerstehen. Biblisches und theologisches Wissen war den Geistlichen vorbehalten und schränkte so die geistliche Selbstständigkeit der Gemeindeglieder ein. Die Muslime, die wie die Christen nur einen Gott kannten, sorgten für Verunsicherung. Man war nicht in der Lage, die fundamentalen Unterschiede zu erkennen zwischen dem Islam, einer Religion der Werke, und dem Christentum, der Religion der Gnade. Die Bedrängung, Diskriminierung und schlechte Behandlung ließen die letzten Widerstände schwinden. Wenn man sich für den Islam entschied, konnte man weiter an einen einzigen Gott glauben, ohne eine Sondersteuer zahlen oder sich den Demütigungen aussetzen zu müssen. Man war sofort von seiner Angst befreit, der Angst vor dem Morgen und einer hohen Steuer. So verschwand das Christentum immer mehr aus Nordafrika. Was die Römer mit ihren blutigen, aber oft nur punktuellen Verfolgungen nicht hatten zu Ende bringen können, das gelang jetzt einer feindlichen Umgebung und einer geistlichen Verwirrung in diesem Teil der Erde.

In einer feindlichen Umgebung heute

Durch Gottes Gnade kommt es in Algerien in den letzten zwei Jahrzehnten nach langer Zeit zu immer zahlreicheren Bekehrungen zu Jesus. Die Konvertiten haben alle einen muslimischen Hintergrund. Im Allgemeinen kann im Islam der Wechsel der Religion den Tod oder zumindest Gefängnis bedeuten. In Algerien, und besonders in der Kabylei, dem Gebiet der Kabylen (Berber), herrschte jedoch bis 2006 eine seltene Freiheit. Die Konvertiten konnten ihren Glauben fast sorgenfrei leben, auch wenn es Verfolgungen durch Familien gab, vor allem gegenüber Frauen. Heute geht das Leben der Gemeinden trotz eines sehr restriktiven Gesetzes bezüglich „nicht muslimischer Kulte" weiter und die Zahl von Konversionen und Taufen nimmt zu. Aber es herrscht eine Atmosphäre der Unsicherheit. Man weiß nicht genau, was morgen sein wird.

Die Einfuhr von christlicher Literatur und Bibeln wird von den Behörden erschwert. Missionare, die ihre algerischen Brüder und Schwestern besuchen wollen, erhalten nur selten ein Visum. Es gibt eine Strategie, die Gemeinden nach und nach auszulöschen. Darum ist es nicht erstaunlich, dass viele Christen emigrieren wollen. Inmitten einer wirtschaftlich schlechten Situation mit hoher Arbeitslosigkeit fühlen die algerischen Christen sich gerade so geduldet, wenn sie nicht systematisch von islamistischen Zeitungen verleumdet werden.

Ali, einer meiner Freunde, erzählte, dass er jeden Morgen auf dem Weg zur Arbeit an einem Islamisten vorbeikommt, der ihn beschimpft und beleidigt. Auf Dauer ist das nur schwer zu ertragen. Jeden Tag erwacht er mit der Angst, diesem Menschen zu begegnen. Wenigstens kann er die Last mit einem Freund teilen. Was würde er allein tun? Sicher, ihm bleiben das Gebet und die Hoffnung, dass dieser Islamist eines Tages von Gottes Gnade angerührt wird. Es wäre nicht das erste Mal, dass so etwas geschieht.

Bei einem Gottesdienst in Tizi Ouzou rief ich die Menschen auf, eine Entscheidung für Jesus zu treffen. Acht kamen nach vorn, Männer und Frauen. Unter ihnen war Ahmed, der mir später anvertraute: „Früher war ich Islamist und bereit, Bomben zu werfen. Jetzt habe ich die Wahrheit gefunden." Dank solcher Wunder – und eine Bekehrung zu Jesus ist für mich das größte Wunder – lebt die Gemeinde in Algerien, denn sie sieht den Herrn am Werk.

Drohungen, anonyme Briefe, nächtliche Telefonanrufe können dem Willigsten den Mut rauben. In mehr als fünfzig Ländern, in denen die Religionsfreiheit heute nicht respektiert wird, sind Christen solchen Belästigungen ausgesetzt.

Dazu kommt die Beschämung, die ihre Kinder in der Schule erleben, der Boykott ihrer Geschäfte und Denunzierungen.

Die schlimmste Wirkung einer feindlichen Umgebung ist das Abnehmen der Widerstandsfähigkeit. Gespeist von Furcht und Entmutigung ruft sie ein Gefühl der Machtlosigkeit hervor, den Eindruck, dass man doch nichts tun kann oder alles, was man tut, zum Scheitern verurteilt ist. Diese Abstumpfung ist geistlich sehr zermürbend und hinterlässt auf Dauer nur einen Gedanken: fort von hier, an einen anderen Ort, einen Ort, an dem Freiheit herrscht, an dem es keine Angst mehr gibt. Deshalb wählen viele Christen die Emigration, wenn sie können. Die Folgen sind tragisch, weil so die Verkündigung des Evangeliums geschwächt wird.

Wir müssen diesen Hintergrund sehen, um zu verstehen, wieso Ermutigung von außen so wichtig ist: „Bei jedem Besuch eines ausländischen Freundes ist es, als ob eine Mauer einstürzt", sagte mir ein algerischer Christ in der finsteren Zeit des Terrorismus[11]. Da sein, ein paar Worte, eine freundliche Geste können wieder Hoffnung geben und den Blickwinkel verändern.

Für Christen, die in einem solchen Umfeld leben, ist es unabdingbar, miteinander solidarisch zu bleiben und die Einheit zu suchen. Die Geschichte zeigt, dass Opposition und Verfolgung nicht automatisch zur Einheit führen. Selbst wo die Kirche unterdrückt wird, kann es zu Spaltungen kommen.

Christen in der sogenannten freien Welt haben die wichtige Aufgabe, sich mit dem Los ihrer Brüder und Schwestern zu identifizieren, ihnen in ihrer Not zu helfen und ihre Isolierung zu durchbrechen. Es gibt fast immer einen Weg, sie zu besuchen, selbst in den verschlossensten Ländern. So kann der Kreis aus Angst und Hoffnungslosigkeit durchbrochen werden. Ermutigung der Leiter, Förderung einer Vision für das Evangelium in den Gemeinden und materielle Hilfe erlauben es, die Kräfte zu sammeln, und schenken den Christen die nötige Ausdauer, um an der Verkündigung des Evangeliums dranzubleiben.

Wirkung von Überraschungseffekten

Eine Überraschung trifft Menschen unverhofft. Sie kann zu einer Lähmung der geistigen Fähigkeiten führen und unangemessene Reaktionen hervorrufen. Sie ist ein wichtiges Element der Angst. Oft führt sie zu falschen Entscheidungen, Niederlagen oder Verrat. Biblische Berichte, in denen die Überraschung eine Rolle spielt, gibt es genug. Einer der markantesten ist der über den Apostel Petrus.

Petrus wurde überrumpelt

Jesus war festgenommen und zu Kaiphas, dem Hohepriester, geführt worden (wir finden den Bericht in Matthäus 26,56-75). Alle Jünger waren geflohen, aber Petrus war Jesus von ferne gefolgt. Während Jesus verhört und misshandelt wurde, saß er draußen im Hof, um mitzubekommen, wie die Sache ausging. Es war riskant, aber er hoffte, unerkannt zu bleiben. Seine Aufmerksamkeit war ganz auf das gerichtet, was drinnen geschah, als eine Magd ihn erkannte: „Du gehörst doch auch zu dem Jesus aus Galiläa."

Die Überraschung war brutal. Von Angst überwältigt, kannte Petrus nur einen Reflex: die eigene Haut retten. Also leugnete er vor der großen Runde und erklärte: „Ich weiß nicht, was du sagst." Eine andere Magd erkannte ihn ebenfalls. Diesmal leugnete er es nicht nur ab, sondern schwor sogar: „Ich kenne den Menschen nicht." Es half ihm nichts, denn sein galiläischer Akzent verriet ihn. Deshalb begann er sich selbst zu verfluchen und erklärte noch einmal: „Ich kenne den Menschen nicht." In diesem Moment krähte ein Hahn und Petrus erinnerte sich daran, dass Jesus gesagt hatte: „Ehe der Hahn kräht, wirst du mich dreimal verleugnen." Und er ging hinaus und weinte bitterlich.

Die dramatische Geschichte von der Verleugnung des Petrus zeigt, wie sehr der Überraschungseffekt auch Menschen mit den besten Absichten beeinflussen kann. Von Angst gepackt tut Petrus, was er sich nie hätte vorstellen können: Er verleugnet seinen Herrn. Dabei hatte Jesus ihn gewarnt: „Wahrlich, ich sage dir: In dieser Nacht, ehe der Hahn kräht, wirst du mich dreimal verleugnen" (Matthäus 26,34). Petrus hätte begreifen müssen, dass man sich niemals überschätzen sollte. Er hätte eine Lehre ziehen müssen aus dem, was passiert war, als er Jesus auf dem Wasser entgegengehen wollte. Aber es hatte nichts genützt, weil er sich eine solche Situation wie im Hof nie hätte vorstellen können. Der Gedanke, Jesus zu verleugnen, war ihm nie gekommen. Das konnte anderen passieren, aber doch ihm nicht. Doch als er unvorbereitet in Verlegenheit gebracht wurde, ging er unter.

Hier kann uns ein Gedanke des Philosophen Descartes helfen: „Und weil der Hauptgrund der Angst die Überraschung ist, kann man sich nicht besser von ihr frei machen, als wenn man vorausdenkt und sich auf alles vorbereitet, was geschehen könnte, auf die Furcht, die sie hervorrufen kann."[12] Das hilft, sich auf alles vorzubereiten, um böse Überraschungen zu vermeiden. Denn diese können uns sonst zu einem Verhalten führen, das in völligem Gegensatz zu unserer eigentlichen Haltung steht.

Durch Gottes Gnade wurde Petrus wieder aufgerichtet. Jesus vergab ihm (vgl. Johannes 21,15ff.) und schenkte ihm durch seinen Geist seine Kraft (vgl. Apostelgeschichte 1,8). Darauf bewies Petrus anders als nach der Verhaftung von Jesus großen Mut. Er trat vor den jüdischen Hohen Rat und predigte: Jesus „ist der Stein, von euch Bauleuten verworfen, der zum Eckstein geworden ist. Und in keinem andern ist das Heil, auch ist kein andrer Name unter dem Himmel den Menschen gegeben, durch den wir sollen selig werden" (Apostelgeschichte 4,11-12). Welch ein Kontrast zur Verleugnung! Nach der Tradition starb Petrus in Rom als Märtyrer, der mit dem Kopf nach unten gekreuzigt wurde.

Wang Mingdao

Der Pastor Wang Mingdao (1900-1991) war eine markante Gestalt der chinesischen Kirche. Wegen seiner Schriftauslegungen sehr bekannt, hatte er auch einen Ruf als „kompromissloser Zeuge" während der Besetzung Pekings durch die Japaner in den 1930er-Jahren.

Nach seiner Bekehrung zog er sich als junger Mann für zwei Monate in die Berge zurück, um die Bibel zu studieren. Er hatte einen solchen Durst danach, Gott kennenzulernen, dass er sie sechs Mal ganz durchlas! Mit 25 Jahren gründete Wang Mingdao den „christlichen Tempel", der zu einer der größten evangelischen Kirchen in Peking wurde. Er war ein willensstarker Mann, der für eine klare Trennung von Staat und Kirche eintrat. Als die kommunistischen Behörden ihn 1955 einluden, der Patriotischen Drei-Selbst-Bewegung beizutreten – der offiziellen protestantischen Kirche Chinas, die vom Staat gelenkt wurde –, blieb er seiner Überzeugung treu und lehnte ab. Das führte zur unmittelbaren Verhaftung Wang Mingdaos sowie seiner Frau und 18 Mitgliedern seiner Gemeinde.

Die Behörden versuchten ihm zu schmeicheln, indem sie ihm die Freiheit versprachen, wenn er sich bereit erklärte, „nach den Regierungsvorgaben" zu predigen, aber auch da weigerte er sich entschieden.

Er hielt sich gut bis zu dem Tag, an dem er erfuhr, dass es seiner Frau, wie er schon länger inhaftiert, nicht gut ging. Sie befand sich aufgrund des schlechten Essens in einem Zustand fortgeschrittener Unterernährung und ihre Kräfte schwanden rapide. Wenn nichts geschah, würde sie nicht überleben. Von dieser Nachricht völlig durcheinandergebracht, gab Wang nach. Um seine Frau zu retten, unterschrieb er ein Dokument, in dem er seinen „Irrtum" zugab und seinen „Willen" bekundete, der offiziellen Kirche beizutreten. Ihm war klar, dass er nie nach den offiziellen Kriterien der Regierungspropaganda würde predigen können. Sein Plan war, die Freilassung seiner Frau zu erreichen, sie bei seiner Mutter in Sicherheit zu bringen und sich dann das Leben zu nehmen. So weit ging er nicht, doch man erzählte später, er sei durch die Straßen gelaufen und habe vor sich hingemurmelt: „Ich bin Petrus … ich bin Petrus …" Er identifizierte sich mit dem Apostel, der seinen Herrn verleugnet hatte.

Doch allmählich bekam er wieder Boden unter den Füßen. Die Behörden erfuhren davon und erkannten, dass er sich ihren Befehlen nie beugen würde. Also verhafteten sie ihn und seine Frau Debra erneut. Sie wurde zu 15 Jahren Gefängnis verurteilt und er zu lebenslänglich.

Kurz nach seiner neuerlichen Festnahme gab Gott ihm ein Wort ins Herz, das er auswendig gelernt hatte: „Ich aber will auf den Herrn schauen und harren auf den Gott meines

Heils; mein Gott wird mich erhören. Freue dich nicht über mich, meine Feindin! Wenn ich auch darniederliege, so werde ich wieder aufstehen; und wenn ich auch im Finstern sitze, so ist doch der Herr mein Licht. Ich will des Herrn Zorn tragen – denn ich habe wider ihn gesündigt –, bis er meine Sache führe und mir Recht schaffe. Er wird mich ans Licht bringen, dass ich seine Gnade schaue" (Micha 7,7-9).

Diesmal blieb Wang fest und in seiner Überzeugung unerschütterlich. Bis zu seiner Freilassung im Jahr 1980 blieb er 22 Jahre in Haft. Seine Frau wurde aus gesundheitlichen Gründen drei Jahre vor Ende ihrer Strafe entlassen. In den letzten 11 Jahren seines Lebens war er eine starke Ermutigung für die chinesische Kirche und für die vielen Besucher, die er und Debra im Lauf der Zeit empfingen.

Warum war Wang Mingdao zuerst eingeknickt? Er war ein Mann, der die Bibel kannte, er hatte das Evangelium mit Kühnheit gepredigt und war ein anerkannter Leiter gewesen. Nichts in seiner Person hatte auf eine solche Schwäche hingedeutet. War er zu selbstsicher gewesen? Hatte er gedacht, er könnte alle Prüfungen aus eigener Kraft bestehen? Tatsache ist, dass er vom Gesundheitszustand seiner Frau überrascht wurde. Seine Reaktion war, wie wir gesehen haben, ähnlich der des Apostels Petrus: Verlust des Gottvertrauens und Angst.

Macht der Mensch systematisch alles falsch, wenn er überrascht wird? Nicht, wenn man dem Philosophen Descartes folgt: „Man muss sich auf alles vorbereiten." Mit einer guten Vorbereitung hat man also große Chancen, Überraschungen zu vermeiden und sich richtig zu verhalten. Aber wenn es auch möglich ist, Ereignisse vorauszusehen, so ist es doch unnötig, sich bis ins Detail vorzubereiten, denn es kommt nie wirklich so wie erwartet. Die beste Vorbereitung auf den Überraschungseffekt ist es, sich auf das Kreuz zu konzentrieren, demütig zu bleiben, seiner eigenen Schwäche bewusst, und zu lernen, unter allen Umständen dem Herrn zu vertrauen. Hat er nicht zu seinen Jüngern gesagt: „Und wenn sie euch hinführen und überantworten werden, so sorgt euch nicht vorher, was ihr reden sollt; sondern was euch in jener Stunde gegeben wird, das redet. Denn ihr seid's nicht, die da reden, sondern der Heilige Geist" (Markus 13,11).

Man sieht also, die Vorbereitung auf die Überraschung besteht viel mehr in einer geistlichen Haltung, die man im täglichen Umgang erwirbt, und dem treuen Gehorsam gegenüber Jesus, als im Einüben einer Strategie, die im konkreten Moment dann doch nicht angemessen ist. Eine solche Haltung führt außerdem dazu, sich die Konsequenzen eines Glaubenszeugnisses, einer Handlung zu überlegen, damit man im Moment des Angriffs nicht überrascht wird. „Denn wer ist unter euch, der einen Turm bauen will und setzt sich nicht zuvor hin und überschlägt die Kosten, ob er genug habe, um es auszuführen …?" (Lukas 14,28)

Jesus hat seinen Jüngern immer wieder deutlich gesagt, dass sie um seines Namens willen verfolgt werden würden. Deshalb waren sie nicht überrascht, als die Verfolgung einsetzte. Nach Pfingsten und der Ausgießung des Heiligen Geistes konnten sie sich ihr als würdige Zeugen stellen, wie das Beispiel von Stephanus zeigt, dem ersten Märtyrer der Gemeinde, der seinen Verfolgern vergab (Apostelgeschichte 7,54-60).

Sozialer, ideologischer und religiöser Druck

Wo aber der Geist des Herrn ist, da ist Freiheit.
2. Korinther 3,17

Der soziale Druck

Die soziale, ideologische oder religiöse Umgebung, ob einzeln oder in ihrer Gesamtheit, kann zweifellos das Denken eines ganzen Volkes beeinflussen. Wir leben heute in Zeiten, die eine gewisse Ähnlichkeit mit jenen während des Turmbaus zu Babel haben. Damals taten sich die Menschen zusammen zu einem einzigen Projekt, nämlich um einen Turm zu bauen, der bis zum Himmel reichte. Sie wollten sich einen Namen machen und der Turm diente ihnen als Sammelpunkt. Sie waren von der Vorstellung fasziniert: *eine* Sprache, *ein* Projekt, *eine* Denkweise zu haben.

In unserer heutigen Gesellschaft geht die Tendenz wie damals dahin, Gott beiseitezuschieben und sein eigener Boss zu sein, „einen Turm zu bauen, der bis zum Himmel reicht". In der Entfernung von Gott verschwimmen auch die von ihm gesetzten Bezugspunkte. Gut und Böse werden nicht mehr von einer übergeordneten Autorität bestimmt, sondern sind dem Urteil des Einzelnen und der unterschiedlichsten Interessengruppen überlassen. Paradoxerweise übt man auf den Einzelnen Druck aus, damit er sich dem gängigen Denken beugt. In einer Zeit des „Alles-ist-gut" ist es schwierig, wenn nicht sogar strafbar, die Dinge beim Namen zu nennen. Wie es ein Journalist formulierte: „Es gibt nur noch vier Kategorien von Menschen, über die man alles sagen kann, ohne mit Vergeltung zu rechnen: die Jäger, die Raucher, die Autofahrer und die Christen." Weil er in einer Zeitung seine Meinung zum Islam äußerte, erhielt ein französischer Gymnasiallehrer so viele Morddrohungen, dass er untertauchen musste. In Schweden kam ein Pfarrer vor Gericht, weil er in einer Predigt seine Sicht von gelebter Homosexualität dargelegt hatte. Es braucht Mut und Entschlossenheit, um sich außerhalb der herrschenden Meinung zu äußern, und auch ein solides geistliches Fundament, um den Schuldzuweisungen zu widerstehen, die das neue Denken ausspricht. Die Mutigen, die sich widersetzen, werden heftig attackiert und verächtlich gemacht, und zwar gerade von denen, deren Geschäft die Toleranz ist!

Die Kluft zwischen der Verkündigung von Jesus und der Lebens- und Denkweise, wie sie die Welt propagiert, wird immer breiter. Von „der Wahrheit" zu sprechen gilt als ungebührlich, weil man darin einen Absolutheitsanspruch sieht. Es darf kein Wesen über uns geben. Wer heute noch wagt zu behaupten, dass Jesus Christus der Erlöser der Welt ist, braucht deshalb Glauben. Doch es wäre tragisch, darauf zu verzichten, denn parallel zum Widerstand gegen das Evangelium wartet die Welt auf Worte der Wahrheit, der Vergebung, des Mitgefühls. Der Bedarf an Orientierung und an Hoffnung ist groß.

Die Spannungen, die aus diesem Spagat zwischen Opposition und Bedarf entstehen, können einen einschüchternden Effekt hervorrufen, mit dem nicht leicht umzugehen ist, denn unsere alte Natur will instinktiv mit dem Strom schwimmen und mit der Menge marschieren. Die Angst, als Außenseiter zu gelten, ist häufig stärker als die Lust zu sagen, was man glaubt. In einer ebenso schuldigen wie Schuld zuweisenden Gesellschaft zu bekennen, dass man ein freier und mit Gnade beschenkter Christ ist, ist darum durchaus ein Akt des Glaubens. Doch ist ein solcher Akt, auch weil er

Widerstand provozieren kann, gerade unter diesen Umständen umso schwerer, weil man dazu seine Angst überwinden muss. Dieser Druck, der die Gläubigen einschüchtert, ist nicht neu. Der Apostel Paulus sprach davon zu Timotheus: „Aus diesem Grund erinnere ich dich daran, dass du erweckst die Gabe Gottes, die in dir ist durch die Auflegung meiner Hände. Denn Gott hat uns nicht gegeben den Geist der Furcht, sondern der Kraft und der Liebe und der Besonnenheit. Darum schäme ich mich nicht des Zeugnisses von unserem Herrn …" (2. Timotheus 1,6-8).

So, wie ein Mensch sich an seine Umgebung gewöhnen kann, so ist es auch möglich, sich dieser Furcht vor dem Bezeugen nicht mehr bewusst zu sein. Dennoch beeinflusst sie unser Verhalten. Deshalb ist es wichtig, wachsam zu bleiben. Auch dazu hat Paulus seinem Schüler einen Rat gegeben: „Predige das Wort, steh dazu, es sei zur Zeit oder zur Unzeit; weise zurecht, drohe, ermahne mit aller Geduld und Lehre. Denn es wird eine Zeit kommen, da sie die heilsame Lehre nicht ertragen werden; sondern nach ihren eigenen Gelüsten werden sie sich selbst Lehrer aufladen, nach denen ihnen die Ohren jucken, und werden die Ohren von der Wahrheit abwenden und sich den Fabeln zukehren. Du aber sei nüchtern in allen Dingen, leide willig, tu das Werk eines Predigers des Evangeliums, richte dein Amt redlich aus" (2. Timotheus 4,2-5). Besitzen diese zweitausend Jahre alten Worte nicht eine erstaunliche Aktualität? Wichtig ist gestern wie heute, das Amt, zu dem jeder berufen ist, „auszurichten", ob die Umstände dafür sprechen oder dagegen.

Mir hilft die Frage: Welchen Einfluss hat der gesellschaftliche Druck auf mein Glaubenszeugnis? Ist mir das bewusst?

Das 20. Jahrhundert war eindeutig ein Jahrhundert der Ideologien Kommunismus und Nazismus.

Der Kommunismus wollte eine klassenlose Gesellschaft errichten und die Produktionsmittel vergesellschaften, um soziale Gleichheit herzustellen. „Jeder nach seinen Möglichkeiten, jedem nach seinen Bedürfnissen", sagte Karl Marx. Ein edles Ziel, doch die Mittel zur Umsetzung trugen in sich den Keim von Gewalt und Diktatur: Klassenkampf, Diktatur des Proletariats, die Parole „der Zweck heiligt die Mittel". Gemäß seinen Theoretikern gab es keine Alternative zum Kommunismus.

Der Nationalsozialismus, dessen Grundlagen Hitler in seinem Buch „Mein Kampf" darlegte, entstand ab 1920 in der Atmosphäre von Erbitterung und Hoffnungslosigkeit nach dem verlorenen Krieg von 1914 bis 1918 und dem daraus resultierenden Versailler Vertrag („Schmach von Versailles"). Dieser Friedensvertrag zwang Deutschland zur Zahlung von Reparationen in so exorbitanter Höhe, dass sie das Land ruinierten. Die 1929 einsetzende Weltwirtschaftskrise gab dem Nationalsozialismus zusätzlichen Auftrieb. Diese Ideologie betonte die Vorherrschaft der germanischen Rasse über die übrigen Völker („Herrenrasse"). Sie beruhte im Wesentlichen auf drei Pfeilern: dem Antisemitismus, einer totalitären Diktatur und einem pangermanischen Rassismus. Um seine Ziele zu erreichen, setzte der nationalsozialistische Staat systematische Gewalt ein. Verhandlungen und Diplomatie wurden nur benutzt, um die demokratischen Länder in Sicherheit zu wiegen und besser ködern zu können. Die Herrschaft des Nationalsozialismus endete 1945 mit der Niederlage im Zweiten Weltkrieg und kostete mindestens 55 Millionen Menschen das Leben.

Wie konnte es geschehen, dass zwei Ideologien mit ganz offensichtlich totalitären Zielen die Massen gewannen, in der Sowjetunion genauso wie in Deutschland? Da war zunächst die Verführung mit all ihren Zutaten und Versprechen: Gleichheit und Umverteilung des Reichtums im Kommunismus – Bruch eines ungerechten Friedensvertrages und die Vorherrschaft der eigenen „Rasse" im Nationalsozialismus. Aber das allein hätte nicht ausgereicht, hätten nicht auch Angst, Einschüchterung und skrupellose Gewalt das Denken beherrscht. Die Bedingungen waren derart, dass es Mut und ein außergewöhnlich festes geistliches Fundament erforderte, um dem System zu trotzen. Mit geistlichem Fundament meine ich die durch geistliches, geistiges oder politisches Engagement erworbene Fähigkeit, zu erkennen und unterscheiden, welche Mächte und Kräfte am Werk waren. Für Gläubige scheint es klar, dass der Heilige Geist die beste Erkenntnis schenkt, weil er in der Liebe gründet. Leider muss man jedoch feststellen, dass zahlreiche Christen diesen Ideologien angehangen haben. Das zeigt, dass geistliche Blindheit immer möglich ist.

Unter der Nazi- und der kommunistischen Ideologie herrschte kollektive Angst. Man konnte seine Meinung nicht mehr wirklich äußern, ohne das Schlimmste befürchten zu müssen. Daher lebte man ein Doppelleben: ein öffentliches, in dem man ständig zu beweisen hatte, dass man dem System treu war, und ein privates, wo man sich dem öffnete, dem man wirklich vertraute. Das führte zu einer gespaltenen Persönlichkeit, die das Denken und die Verkündigung der Guten Nachricht behinderte. Wer es wagte, unter diesen Regimes den Mund aufzumachen, musste teuer bezahlen, aber diese Glaubenszeugnisse klingen bis heute nach. Die Schriften von Dietrich Bonhoeffer[13] oder Alexander Solschenizyn[14] sind ähnlich beeindruckend wie die der biblischen Propheten. Sie überwanden die Angst, um die Wahrheit zu sagen und nach dem Evangelium zu handeln. In der Sowjetunion, im kommunistischen Alltag, verschafften sich mutige christliche Stimmen trotz Feindschaft Gehör. Zoja Krachmalnikowa gab die Dissidentenzeitschrift „Nadjeschda" („Hoffnung") heraus. Sie zahlte mit Gefängnis und Exil. Die christliche Dichterin und Schriftstellerin Irina Ratuschinskaja[15] schrieb auch im Arbeitslager weiter Gedichte. Manchmal gelang es ihr, sie aus dem Lager herauszuschmuggeln, und sie wurden im Untergrund veröffentlicht. Wir können viel lernen vom Mut solcher Männer und Frauen, die in den dunkelsten Stunden ihr Licht leuchten ließen. Unter Lebensgefahr haben sie Hoffnung vermittelt.

Es überrascht nicht, dass der ideologische Druck während der Zeit des Kommunismus in Osteuropa und der Sowjetunion den Eifer vieler Christen, ihren Glauben zu bezeugen, erkalten ließ. Viel erstaunlicher ist es hingegen, dass die Ideologie auch viele Kirchenleute in den westlichen Demokratien beeinflusste. Obwohl frei in ihren Entscheidungen und gut informiert über die Übergriffe der Kommunisten, stand ein Teil von ihnen dieser Ideologie positiv gegenüber. Das Denken an den Universitäten, und dort vor allem in den Geistes- und Gesellschaftswissenschaften, war in den 1970er- bis 1980er-Jahren vielfach vom Marxismus geprägt. Links zu sein gehörte zum guten Ton, man wollte nicht unangenehm auffallen, hatte Angst, ausgelacht zu werden. Deshalb gaben zu viele Theologen ihre eigentliche Berufung, die Predigt vom Kreuz, zugunsten einer gesellschaftspolitischen Diskussion auf. Wenn ich in den 1980er-Jahren in Gemeinden über verfolgte Christen berichten wollte, geschah es nicht selten, dass Pfarrer mich nicht empfingen, weil sie nicht glauben wollten, dass es in den kommunistischen Ländern Christenverfolgung gab.

Zum Glück hat sich die Situation heute geändert, aber diese Erfahrung zeigt, wie weit selbst gebildete Menschen von herrschenden Ideen beeinflusst werden können. Dabei ist es doch so offensichtlich, dass die Ideologien niemals dem Menschen dienen. Die Geschichte zeigt in der Tat, dass sie im Namen ihrer Lehre die Menschen letztlich immer versklaven. Sie stehen im Widerspruch zum Evangelium, das dem Menschen Freiheit und Würde bringt.

Diese Aussagen sollen uns keinesfalls dazu bewegen, über jene, die den Sirenenklängen der Ideologien erlagen, unser Urteil zu fällen. Vielmehr sollen sie uns ganz persönlich zur Frage führen: Bin ich frei oder stehe ich unter dem Diktat einer herrschenden Meinung?

Man kann heute die Entstehung anderer ideologischer Strömungen beobachten. In Indien zum Beispiel die hinduistische nationalistische Bewegung Hindutva. Ihr Aufstieg begann 1980 mit der Gründung einer politischen Partei, der Bharatiya Janata Party (BJP). Sie betont die Vorherrschaft des Hinduismus und bekämpft alles, was nicht indischen Ursprungs ist, wie den Islam und das Christentum. Seit Ende des 20. Jahrhunderts gibt es schwere Verfolgungen gegen die Christen. Es vergeht praktisch kein Tag ohne einen neuen Fall von Misshandlung, Ungerechtigkeit oder Diskriminierung. Im Land Gandhis mag das erstaunen, aber es ist eine traurige Tatsache. Ich habe viele Evangelisten und Pastoren getroffen, die persönlich verfolgt worden sind. Sie beeindrucken mit ihrem Mut und ihrer Entschlossenheit. Trotz der starken Bedrohung durch die Hindutva kenne ich jedoch niemanden, der seinem Ruf, das Evangelium zu predigen, abgeschworen hätte. Sie haben gelernt, die Angst zu überwinden.

Der religiöse Druck kann sowohl von außen wie von innen kommen. Manche Sekten üben einen solchen Druck auf ihre Mitglieder aus, dass diese keine freien Entscheidungen mehr treffen können. Es wird unbedingter Gehorsam gefordert und jedes Abweichen von den gesetzten Normen wird bestraft. In den christlichen Kirchen kann man das normalerweise nicht beobachten, aber das heißt nicht, dass es nicht auch hier Zwang geben kann, der von extremen theologischen Positionen herrührt. Etwa, wenn man jenen, die Einwände vorbringen, sagt, sie „sündigten gegen den Heiligen Geist". Doch wer sich dem Urteil der Gruppe aus Angst und nicht aus Überzeugung beugt, der schadet seiner eigenen Glaubwürdigkeit und der Wahrheit.

Bei gewissen Anlässen ist es manchmal schwierig zu beurteilen, ob die Reaktionen einer Versammlung vom Heiligen Geist gewirkt oder Ausdruck einer Massensuggestion sind. In der Gruppe ist man immer versucht, das Verhalten der Nachbarn zu imitieren, selbst wenn es ungewöhnlich ist. Doch wenn jemand aus der Angst heraus handelt, nicht so zu sein wie die anderen, baut das geistlich nicht auf. Man muss sich bewusst sein, dass der Druck, der von innen kommt, dagegen oft Schuldgefühle hervorruft. Man hat das Gefühl, nie genug zu tun, nie so zu sein, wie man sollte. Die Diktatur des „man sollte" hat schon mehr als ein Gemeindeglied kraftlos gemacht. Ein freier Christ ist einer, der unter allen Umständen er selbst bleiben kann. Er lässt sich von keinerlei Druck einschüchtern. Frei kann er sein Kreuz aufnehmen und seinem Meister folgen. Er tut es nicht aus Zwang, sondern aus Leidenschaft.

Äußeren religiösen Druck spürt man durch die Auswirkungen der Globalisierung. Es ist noch nicht lange her, dass es in vielen Ländern nur eine Religion gab. Heute steht den Menschen eine breite Auswahl zur Verfügung. Das ist besonders in den Ländern mit christlicher Tradition der Fall, in denen viele Einwanderer leben. Das sichere Auftreten, wenn nicht Arroganz, der Anhänger dieser miteingewanderten neuen Religionen erschüttert die Einheimischen in ihren Überzeugungen und führt teilweise sogar zu deren Aufgabe, zum Beispiel dem Feiern christlicher Feste in den Schulen. Aus Angst, gegenüber den Angehörigen anderer Religionen, vor allem des Islam, als intolerant zu gelten, scheint man zu allen Konzessionen bereit. Eine Schweizer Stadt ließ auf ihren Prospekten sogar ihre Kathedrale abdecken, weil die Prospekte für ein islamisches Land bestimmt waren!

Bis heute ruft der Islam Faszination wie auch Ängste hervor. Wir sind beeindruckt von der Treue der Muslime, ihrer Gebetspraxis und ihren starken Überzeugungen. Aber der Islam macht auch Angst, wenn man das traurige Los der christlichen Bewohner islamischer Länder bedenkt. Ist die Aggressivität der Islamisten so einschüchternd, dass man lieber schweigt, als berechtigte Kritik zu üben? Ein Journalist weiß, dass er für das, was er schreibt, vor Gericht kommen kann. Die in einer dänischen Zeitung veröffentlichten Karikaturen führten in weiten Teilen der islamischen Welt zu Protesten. Also wird man vorsichtig, wenn nicht unterwürfig, wenn man sich öffentlich zum Islam äußert. Das ist die Haltung des Dhimmis: eines Juden oder Christen unter der Herrschaft des Islam.

„Der Ausdruck Dhimmi wird vor allem für die ‚Leute des Buches' [Juden oder Christen] verwandt. Diese genießen unter islamischer Herrschaft (durch Entrichtung einer hohen Kopfsteuer, einer Zwangssteuer, einem eingeschränkten Rechtsstatus und die Respektierung gewisser Regeln, die in einem ‚Pakt' mit den Behörden festgelegt wurden) eine beschränkte Kultfreiheit, die Befreiung von gewissen Pflichten, welche den Muslims obliegen [wie das obligatorische Almosengeben oder den Militärdienst], sowie eine Sicherheitsgarantie für sich selbst und ihren Besitz. Im Gegenzug sind ihnen gewisse Einschränkungen auferlegt, wie das Verbot, neue Versammlungsorte zu bauen oder Proselyten zu gewinnen. Diese theoretischen Regeln in ihrer Gesamtheit werden je nach Epoche und Ort mehr oder weniger streng angewandt."[16]

Die Angst vor dem Islam kann einen Geist des Dhimmismus hervorbringen, der nichts anderes ist als ein Geist der Kapitulation und der Aufgabe der Freiheit. Auf der anderen Seite kann sie einen Hass gegen *die* Muslime bewirken. Das ist die größte Falle und man sollte um jeden Preis vermeiden, in sie hineinzutappen. Gerade beim sehr heiklen Thema Islam kann die Angst wirklich ein schlechter Ratgeber sein.

Christen brauchen prinzipiell keine Angst vor anderen Religionen zu haben. Sie sollen in ihrem Nächsten, unabhängig von seinem Glauben, einen Menschen sehen, den Gott liebt. Das sind keine Worte, sondern eine Realität, die uns Gott manchmal ins Gedächtnis ruft, wie es mir in Algerien passierte: Es war im Dezember 2000 in Bejaia, einer schönen Küstenstadt in der Kabylei. Der immer sehr laute Verkehr war gegen Abend ruhig geworden. Die Stille hatte etwas Unwirkliches. Der Himmel war rosa, die Sonne ging gerade unter. Unter dem Mond leuchteten bereits zwei Planeten, Jupiter und Saturn. Es war der Augenblick des „Fastenbrechens" im Ramadan. Alle waren zu Hause und freuten sich auf die Mahlzeit. Einen ganzen Tag hindurch hatte niemand etwas gegessen oder getrunken.

Auf einer Bank unter den Palmen eines kleinen Platzes genoss ich den Augenblick. Ich schaute zum Himmel und zu den Sternen, die zu funkeln begannen, und dachte an das wunderbare Wort: „Wenn ich sehe die Himmel, deiner Finger Werk, den Mond und die Sterne, die du bereitet hast: was ist der Mensch, dass du seiner gedenkst?" (Psalm 8,4-5).

Wir waren mitten im Ramadan, für mich war es aber auch die Zeit des Advents, und ich dachte an die Liebe Gottes zu allen Menschen, vor allem zu den Algeriern, die durch so viele Prüfungen und Leid gehen mussten. Gedankenverloren hörte ich plötzlich, wie ein Mann mich ansprach – er saß auf einer Bank in meiner Nähe: „Monsieur, möchten Sie eine Hälfte von meinem Sandwich?" Dieser Mann, der den ganzen Tag nichts gegessen hatte, bot mir die Hälfte seiner „Mahlzeit" an. Gerührt erwiderte ich, dass ich keinen Hunger habe. Aber seine Geste berührte mich tief.

Ein Muslim, der einem ausländischen Christen etwas zu essen anbietet: Es gibt im Leben diese Momente, in denen man die liebende Gegenwart Gottes ganz besonders spürt.

Das geistliche Erbe

Zieht an die Waffenrüstung Gottes, damit ihr bestehen könnt gegen die listigen Anschläge des Teufels. Denn wir haben nicht mit Fleisch und Blut zu kämpfen, sondern mit Mächtigen und Gewaltigen, nämlich mit den Herren der Welt, die in dieser Finsternis herrschen, mit den bösen Geistern unter dem Himmel.
Epheser 6,11-12

Es war zur Zeit des Eisernen Vorhangs, als die Bibel in Osteuropa ein verbotenes Buch war. Eine bulgarische Gemeinde hatte uns dennoch um einige Hundert Exemplare gebeten und meine Frau und ich sollten sie nun hinüberschmuggeln. Wir hatten ein Spezialfahrzeug mit Geheimfächern, in denen die Bibeln versteckt wurden. Diese Reisen wurden minutiös vorbereitet, da die Zollkontrollen sehr streng waren und das Risiko für die bulgarischen Christen groß.

Vor der Abfahrt sprachen wir deshalb auch noch einmal in allen Einzelheiten durch, wie das Ganze ablaufen sollte. Unter anderem gab es Informationen über das Land. Wir waren zunächst erstaunt, als der Leiter uns sagte: „In Bulgarien herrscht eine Atmosphäre der Angst. Selbst die Christen leiden darunter." Nach weiteren Erklärungen war uns klar, dass die Besetzung des Landes durch die Türken fast fünf Jahrhunderte lang (1396-1878) äußerst brutal gewesen war. Danach hatte das Land mehrere Kriege mitgemacht und wurde nun seit 1946 mit eiserner Hand von den Kommunisten regiert. Diese lange Geschichte von Repression und Leid war über Generationen hinweg von den Eltern an die Kinder weitergegeben worden und hatte in den Herzen dauerhafte Spuren hinterlassen: eine lähmende Angst. Sie wirkte wie eine geistliche Fessel und bewirkte, dass man Angst hatte zu handeln, etwas zu unternehmen. In den Familien wurde diese Angst gewissermaßen vererbt. Sie war zu einem Teufelskreis geworden, dem nur schwer zu entkommen war.

Zu unserer Überraschung schien Pastor Simeon Popov, dem wir die Bibeln brachten, trotzdem strahlend und heiter. Die Abwesenheit der Angst erklärte sich ebenso mit dem Wirken des Geistes, der von Ketten befreit, wie mit der Prägung durch sein Studium in Deutschland. Nach seinen eigenen Worten hatte er nicht nur Theologie studiert, sondern vor allem auch gelernt, was Freiheit ist.

Eine Vergangenheit in Unterdrückung kann die Zukunft beschweren, wenn die daraus resultierende Angst nicht beherrscht wird. Diese Beherrschung braucht Zeit, denn man muss das Leben wieder ganz neu lernen, eine neue Geisteshaltung gewinnen. Das jüdische Volk mit seiner jahrtausendelangen Erfahrung der Unterdrückung hat gelernt, die Angst zu überwinden, auch wenn es nicht möglich ist, die Vergangenheit auszulöschen. Um zu überleben, hatten die Juden keine andere Wahl, als ihre Intelligenz, Kreativität und ihren Unternehmungsgeist zu gebrauchen. Dazu kam die geistliche Verwurzelung in dem Gott der Bibel und die Hoffnung, die von jedem Jahrhundert wiederbelebt wurde: „Nächstes Jahr in Jerusalem!" Trotz aller Prüfungen haben die Juden immer einen bemerkenswerten Beitrag für die Gesellschaft geleistet.

Die Weitergabe der Angst von einer Generation an die nächste führt zu einem Fatalismus, der Menschen dauerhaft behindern kann. Man kann ihn nur mit einer tiefen Erneuerung des Geistes loswerden. König David wurde dreimal in seinem Leben gesalbt. Das zeigt uns, dass man nicht ein für alle Mal „erfüllt" wird, sondern dass man sich in bestimmten Phasen des Lebens wieder neu vor Gott stellen muss. Die Salbung ist ein sichtbares Zeichen der Weihe wie auch ein Symbol der Heilung. Indem man sein Leben neu weiht und Gott das beruhigende Öl des Heiligen Geistes fließen lässt, wird es möglich, die Wirklichkeit mit den Augen der Hoffnung zu sehen. Das kann der Anfang eines neuen Lebens sein, frei von Angst und Fatalismus. Dieser Bruch mit dem Erbe der Vergangenheit erlaubt Menschen, durch Jesus Christus zu Erben des Vaters zu werden.

Geistige und psychische Prägung

Was unsere Wahrnehmungen bestimmt

Der Axtdieb

Ein Mann fand eines Tages seine Axt nicht mehr. Der Mann wurde ärgerlich und verdächtigte den Sohn seines Nachbarn, die Axt genommen zu haben.

An diesem Tag beobachtete er den Sohn seines Nachbarn ganz genau. Und tatsächlich: Der Gang des Jungen war der Gang eines Axtdiebs. Die Worte, die er sprach, waren die Worte eines Axtdiebs. Sein ganzes Wesen und sein Verhalten waren die eines Axtdiebs.

Am Abend fand der Mann die Axt durch Zufall hinter einem großen Korb in seinem eigenen Schuppen.

Als er am nächsten Morgen den Sohn seines Nachbarn erneut betrachtete, fand er weder in dessen Gang noch in seinen Worten oder seinem Verhalten irgendetwas von einem Axtdieb.

Nach Laotse[17]

Die geistige und psychische Prägung beeinflusst das Verhalten einer Person, im Allgemeinen ebenso wie im Besonderen. Umgebung, Ereignisse, Informationen genauso wie die politische oder religiöse Indoktrinierung, ja, unsere eigene Denkweise, bestimmen unsere Wahrnehmung und unser Verhalten. Die Geschichte von dem Axtdieb liefert uns ein perfektes Beispiel der Vorurteile, die sich, ausgehend von einem unbedeutenden Zwischenfall, unbewusst in unserem Denken einnisten können. Weil ein Werkzeug im Moment verschwunden ist, wird ein ehrlicher Nachbar plötzlich für einen Dieb gehalten. Die Geschichte geht gut aus. Manche

Vorurteile sind jedoch viel hartnäckiger, vor allem wenn sie in Zusammenhang mit einer existenziellen Angst stehen. Der Hass auf die Juden und die Verfolgung durch die Jahrhunderte zeigen, wie Menschen jede Fähigkeit zu logischem Denken verlieren, wenn sie ein ganzes Volk für alle Übel der Menschheit verantwortlich machen.

Angelernte Denk- und Verhaltensmuster sind nicht in sich schlecht, denn sie können auch positive Konsequenzen haben. Zum Beispiel lehrt uns das Evangelium, in jedem Menschen ein von Gott geliebtes Geschöpf zu sehen, jedem Einzelnen wohlwollend zu begegnen. Ein Autofahrer lernt im Fahrunterricht, sich im Verkehr so zu verhalten, dass alle Gefahr vermieden wird – im Idealfall natürlich!

Wenn andererseits die inneren Überzeugungen eines Menschen auf einer lebhaften Vorstellung der Angst basieren, hemmen diese ihn in seiner Handlungsfreiheit und hindern ihn daran, Ereignissen auch eine positive Seite abzugewinnen. Die Geschichte von den zwölf Kundschaftern, Josua, Kaleb und ihren Kameraden, die von der Erkundung Kanaans zurückkehren, zeigt das sehr konkret (siehe 4. Mose 13-14). So lautete ihr Bericht, den sie Mose nach ihrer Rückkehr gaben: „Wir sind in das Land gekommen, in das ihr uns sandtet; es fließt wirklich Milch und Honig darin und dies sind seine Früchte. Aber stark ist das Volk, das darin wohnt, und die Städte sind befestigt und sehr groß; und wir sahen dort auch Anaks Söhne" (4. Mose 13,27-28).

Das Land war wohl reich; aber es gab ein großes Hindernis: Es war befestigt und seine Bewohner, die Anakiter, Nachkommen von Riesen, beeindruckten durch ihre Gestalt und Kraft. Für das Volk, das gemeint hatte, das Land ohne Risiko einnehmen zu können, war das eine bittere Enttäuschung. Umso mehr, als alle Spione, außer Josua und Kaleb, das Land schlechtmachten und wegen der Gefahr von einer Eroberung abrieten. Die Befestigungen und die Kraft der Einwohner hatten ihr Denken komplett vereinnahmt. Der Einwand von Kaleb: „Lasst uns hinaufziehen und das Land einnehmen, denn wir können es überwältigen" (Kap. 13,30), beeindruckte niemanden. Schlimmer noch, das Volk äußerte den Wunsch, nach Ägypten zurückzukehren. Zur großen Enttäuschung von Mose zog es die Sklaverei der Freiheit vor! Es erinnerte sich nicht einmal mehr an die Wunder, die Gott in Ägypten und in der Wüste getan hatte.

Das kann passieren, wenn man sich von einer Gefahr die Gedanken vernebeln lässt. Sie nimmt in der Vorstellung so falsche Proportionen an, dass sie die tatsächlichen Möglichkeiten überdeckt. Man überlegt nur noch, wie man sich schützen kann, und bedenkt nicht, was man verliert. Die Begleiter von Josua und Kaleb, alles Männer, die speziell für diesen gefährlichen Auftrag ausgewählt worden waren, zeigten, dass selbst die Mutigsten in diese Falle tappen können.

Für sie und für das ganze Volk, mit Ausnahme von Josua und Kaleb, waren die Folgen fatal: Sie kamen nicht in das Gelobte Land. Wegen ihres mangelnden Vertrauens ließ Gott sie bis zum Ende ihres Lebens in der Wüste bleiben. Die Angst überlagert den Verstand. Das bewirkt den Verlust des Vertrauens auf Gott und führt Menschen auf direktem Weg in die Wüste. Die Bibel malt uns die Wahrheit ungeschminkt und realistisch vor Augen. Sie schildert diese Episode in aller Deutlichkeit, damit wir daraus lernen und unser Vertrauen auf Gott stärken können. Das menschliche Herz ändert sich nicht. Und die Herausforderungen, denen wir uns heute zu stellen haben, unterscheiden sich von den damaligen genauso wenig wie die Folgen.

Wie das Beispiel der biblischen Geschichte lehren und

ermutigen uns die Glaubenszeugnisse von Christen unserer Zeit. Zum Beispiel die folgende Geschichte, die vor einigen Jahren in Pakistan passierte. Pastoren aus dem ganzen Gebiet von Lahore waren gekommen, um an einem Seminar von Bruder Andrew, dem Gründer von Open Doors, teilzunehmen. Zweck des Seminars war es, ihnen ein Treffen zu ermöglichen, um die Kontakte untereinander zu stärken und sie zum Durchhalten in ihrem immer wieder von Problemen durchsetzten Alltag zu ermutigen. In Pakistan gibt es ein „Blasphemiegesetz", das erlaubt, jeden zu denunzieren, bei dem man ein Verhalten oder Worte entdeckt, die als Beleidigung des Islam gedeutet werden können. Die Strafen wegen Blasphemie können bis zur Todesstrafe reichen. Bis heute ist aber noch keine der verhängten Todesstrafen vollstreckt worden. Allerdings haben Christen schon viele Jahre aufgrund falscher Anschuldigungen, oft einer einzigen Person, im Gefängnis gesessen. Im Allgemeinen handelt es sich um einen neidischen Nachbarn oder jemanden, der die Christen hasst. Die beiden Brüder Masih hatten bei einem muslimischen Kaufmann ein Eis bestellt und waren überrascht, als er es ihnen nicht in einem Becher servieren wollte. Er behauptete, seine Becher würden unrein, wenn Christen sie berührten. Da sie energisch protestierten, zeigte er sie wegen Blasphemie an. Sie wurden verhaftet und trotz ihrer Unschuldsbeteuerungen zu fünfunddreißig Jahren Gefängnis verurteilt. Sie mussten nicht die gesamte Strafe absitzen, doch sie verbrachten mehrere Jahre in Haft.

Noch immer leben die Christen in Pakistan ihren Alltag unter diesem Geist der Feindschaft. Aufgrund ihrer Tätigkeit sind besonders die Pastoren der Willkür ausgesetzt. Trotz dieser widrigen Umstände forderte Bruder Andrew sie heraus: „Ich weiß, dass in eurem Land nichts einfach ist, aber habt ihr schon versucht, in der Öffentlichkeit eine große Evangelisation zu veranstalten, um Tausende zu erreichen?"

Die Pastoren schüttelten den Kopf und dachten, Bruder Andrew habe den Verstand verloren. „Das ist völlig unmöglich, das können wir nicht!", erwiderten sie.

„Habt ihr schon bei den Behörden gefragt, ob es möglich wäre?"

„Nein, das würde doch nichts nützen und uns nur in Gefahr bringen!"

„Auch wenn es ein Risiko ist, wäre es nicht mindestens den Versuch wert, einmal zu fragen? Egal, wie es ausgeht, wir stehen auf jeden Fall hinter euch!"

Die Pastoren überlegten und verständigten sich schließlich darauf, eine Delegation zu wählen, die um Erlaubnis bitten sollte, in der Stadt Lahore eine große Evangelisation durchzuführen.

Zu ihrer Verblüffung waren die Behörden bereit, sie zu einem Gespräch zu empfangen, und die Pastoren konnten ihre Anfrage vorbringen. Die Beamten hörten aufmerksam zu und sagten: „Wir sind bereit, Ihnen eine Genehmigung für fünf Tage im Gaddhafi Stadium zu erteilen." Das Stadion fasst bis zu 12000 Personen. Das Unmögliche war möglich geworden! So konnten fünf herrliche Tage stattfinden. Die Zahl der Besucher stieg von Tag zu Tag und es gab viele Bekehrungen. Und das alles unter dem Schutz der städtischen Polizei!

Erst die Ermutigung durch einen Ausländer – Bruder Andrew – hatte die Pastoren fähig gemacht, die psychische Blockade zu durchbrechen und den Blick für das Mögliche zu gewinnen.

Was uns verletzlich macht

Fehlende geistliche Vorbereitung

*Was ihr gelernt und empfangen und gehört und
gesehen habt an mir, das tut; so wird der Gott des
Friedens mit euch sein.*
Philipper 4,9

Die Stärke einer geistlichen Vorbereitung liegt darin, dass sie den Blick eines Menschen von sich selbst weglenkt, damit er sich besser an der Person Jesu ausrichten kann. Regelmäßiges Bibellesen und Beten tun ihm nicht nur gut, sie bringen ihn auch näher zum Herrn und stärken sein Vertrauen und den Wunsch, Gott zu dienen und das Evangelium in die Praxis umzusetzen. Auf diese Weise verlieren die Dinge der Welt an Bedeutung zugunsten von Gottes Angelegenheiten. Die Beziehung des Gläubigen zu Jesus wird nach und nach immer tiefer. Deshalb konnte der Apostel Paulus sagen: „Nicht ich, sondern Christus lebt in mir ..." (Galater 2,20). Doch solche geistlichen Höhen werden nicht ein für alle Mal eingenommen, sondern müssen immer wieder neu errungen werden. „Betet ohne Unterlass", rät der Apostel Paulus. Es geht also nicht darum, sich zu bestimmten, besonderen Zeiten dem Gebet zu widmen, sondern ständig mit Gott in Kontakt zu stehen, auch und gerade mitten in unserem Tun. Eine solche Gemeinschaft mit Gott schenkt Gelassenheit und Mut, sich selbst loszulassen, um besser in Jesus verwurzelt zu sein. Sie bringt inneren Frieden. Wenn sie die Angriffe des Widersachers auch nicht vermeiden kann, so erlaubt sie doch, sie gelassen zu überwinden. Im Gegensatz dazu setzt sich der, der alles selbst zu tun versucht, den Angriffen der Welt aus und riskiert, in Angst zu versinken.

Larbi, ein algerischer Christ, erzählte mir, dass für ihn in den dunklen Jahren des Terrorismus das Gefühl der Unsicherheit niemals wich. Überfälle, Massaker konnten jederzeit stattfinden. Eines Nachts, als ganz in der Nähe Gewehrschüsse peitschten, ergriff ihn plötzlich Panik. Er zitterte am ganzen Körper. Larbi verlor die Orientierung und sein Verstand geriet völlig durcheinander. Nach einem Moment wurde er aber wieder still. Er hatte zu Gott gebetet und das hatte ihn ruhig gemacht. „Weißt du", erzählte er mir, „in solchen Situationen passiert es mir manchmal, dass mich die Angst zu Boden drückt. Ich führe es darauf zurück, dass ich Gottes Wort nicht gut genug kenne. Wenn wir wirklich durchdrungen wären von seinen Verheißungen, dann wären wir nicht so anfällig." Diese Aussage von Larbi mag überraschen, denn selbst der am besten gewappnete Gläubige kann von Panik überwältigt werden. Aber nachdem er diese Dinge von innen erlebt hat, hat Larbi erfahren und die Gewissheit erlangt, dass Gottes Wort in solchen Situationen wirklich ein Bollwerk ist. Der algerische Freund hat danach solche Panikattacken nicht mehr erlebt und ging gestärkt aus diesen Ereignissen hervor.

Er war Lehrer. Eines Tages vertraute ihm der Direktor seiner Schule an, dass ihn die ägyptischen Lehrer, die nach Algerien gekommen waren, beunruhigten. Sie waren im Rahmen der Arabisierung zahlreicher Kurse im Land, die bis jetzt noch auf Französisch erteilt worden waren. Der Direktor sagte: „Weißt du, viele dieser Ägypter haben christliche Namen wie Maurice oder Boutros. Wenn ich jemals einem von ihnen begegne, spucke ich ihm ins Gesicht. Ich verachte die Christen!"

Larbi war perplex. Er senkte den Kopf und wusste nicht, was er erwidern sollte. Alle möglichen Gedanken gingen ihm in Lichtgeschwindigkeit durch den Kopf: „Wenn er erfährt, dass ich selbst Christ bin, verliere ich dann die Stelle? Was soll ich dann machen? Was soll ich ihm sagen?" Doch dann sah er seinem Direktor und Freund in die Augen und erwiderte: „Vor dir steht ein Christ. Du kannst ihm die Fresse einschlagen."

Der Direktor war fassungslos und glaubte nicht richtig zu hören. Es folgte eine Diskussion, in der Larbi ihm erklärte, wie er Christ geworden war, und ihm von Jesus erzählte. Die beiden sind immer noch Freunde.

Mutlosigkeit

Da fürchtete Elia sich, machte sich auf und lief um sein Leben und kam nach Beerscheba in Juda und ließ seinen Diener dort. Er aber ging hin in die Wüste eine Tagereise weit und kam und setzte sich unter einen Wacholder und wünschte sich zu sterben und sprach: Es ist genug, so nimm nun, Herr, meine Seele; ich bin nicht besser als meine Väter.
1. Könige 19,3-4

Isolierung, Entkräftung oder mangelnde Unterstützung können zu einer schleichenden Entmutigung führen, die den Widerstand lähmt und die Angst begünstigt. Im Zustand der Mutlosigkeit ist der Einzelne eine leichte Beute der Angst. Im Blick auf das, was sich in jüngster Zeit ereignet hat und als feindlich erlebt wird, hört er nicht auf, alle möglichen Situationen, die seine Sicherheit, sein Handeln oder seine

Beziehungen bedrohen können, in die Zukunft zu projizieren. Die Mutlosigkeit kann sein ganzes Denken lähmen. Schon allein die Erinnerung an einen heftigen Schmerz kann traumatisieren und so stark wirken wie der Schmerz selbst. Ich erinnere mich, wie ich nach einer schweren Operation an der Wirbelsäule beim Aufwachen derartige Schmerzen hatte, dass ich nicht wagte, den Kopf auch nur ein Stückchen zu bewegen. Allein der Gedanke machte mir Angst. Bis der Arzt, der mich operiert hatte, drei Tage später zur Visite kam. In der Zwischenzeit hatte mich ein anderer Arzt betreut.

Der Chirurg sagte: „Herr Tschanz, die Operation ist erfolgreich verlaufen. Sie werden sich bald erholen."

Ich erwiderte: „Wunderbar, aber ich traue mich schon seit drei Tagen nicht, den Kopf zu bewegen."

„Aber Sie können es ohne Weiteres tun."

„Sind Sie sicher?"

„Absolut. Probieren Sie mal, den Kopf nach links zu drehen."

Ich drehte den Kopf nach links.

„Und nun versuchen Sie es nach rechts."

Ich tat es.

„Tut Ihnen das weh?"

„Nicht besonders … Eigentlich ist es erträglich!"

Ich übertreibe nicht – mit einem einzigen Satz, „Sie können es ohne Weiteres tun", hatte der Arzt mir das Leben wieder geschenkt! Seitdem weiß ich noch besser, wie wichtig es ist, Menschen zu begleiten, die mutlos sind. Ein Besuch, ein Satz kann ihr Leben verändern.

Ein mutloser Mensch ist einer, der sich am Morgen beim Aufstehen schon vor dem Tag fürchtet. Er hat nur einen Gedanken: der Situation entfliehen, einen Ausweg suchen. Das ist das Los der Christen im Nahen Osten. Bedrängt von einem intoleranten Islam, lautet die Frage für viele nicht mehr, *ob*, sondern nur noch, *wann* sie auswandern können. Man sieht die Verwundbarkeit, die durch Mutlosigkeit entsteht und gravierende Folgen hat. Was kann man für Menschen tun, die zum Beispiel durch Verfolgung traumatisiert sind und denen sich jeden Morgen beim Aufwachen der Magen umdreht?

Im indischen Bundesstaat Orissa erlebten die Christen Ende 2007 eine heftige Verfolgungswelle. Hunderte von Häusern und Kirchen wurden angezündet und über 100 Christen wurden von fanatischen Hindu-Nationalisten brutal ermordet. 6000 christliche Familien, das waren rund 30000 Personen, mussten aus ihren Häusern fliehen und alles zurücklassen.

Einige indische Organisationen, darunter der indische Arbeitszweig von Open Doors, unternahmen alles, um Erste Hilfe zu leisten. Seit 2009 ist wieder Ruhe eingekehrt, aber viele leiden noch immer unter den Folgen der Ereignisse. Open Doors organisierte ein Seminar in Gopalpur, einer schönen Kleinstadt in Orissa am Golf von Bengalen. Alle Teilnehmer waren Pastoren, die die Verfolgungen zum Teil am eigenen Leib erlebt hatten. Wir riefen sie zusammen, damit sie wieder Kraft und Ermutigung finden konnten. Zwar sind auch die Vorträge an solchen Seminaren nützlich. Wichtiger aber ist die Zeit, die sie mit uns und miteinander verbringen können. So kam am Ende des Tages ein Pastor auf mich zu und fragte, ob er mir ein Problem anvertrauen dürfe. „Natürlich", erwiderte ich, „dafür bin ich hier."

Und so erzählte er mir, dass er jeden Morgen beim Aufwachen von einer großen Furcht gepackt wird, nämlich der, seinen Sohn zu verlieren. „Weißt du, vor ein paar Jahren hatte er einen schweren Unfall, bei dem er beinah ums Leben kam.

Aber er wurde gut gepflegt und ist heute wieder ganz gesund. Doch nach den schlimmen Ereignissen in meiner Region habe ich ständig Angst, ich könnte ihn verlieren. Diese Angst zieht mir den Magen zusammen, sobald ich aufwache, und verfolgt mich den ganzen Tag. Was soll ich machen?"

Ich habe selbst zwei Töchter und zwei Söhne und fragte mich, was ich an seiner Stelle täte. Dann sagte ich: „Ich bin Vater wie du und verstehe, was dir auf dem Herzen liegt, aber welchen Rat kann ich dir geben? Was ich dir sagen kann, ist, dass diese Angst jedenfalls weder dir noch deinem Sohn etwas nützt. Im Gegenteil. Kann ich dir einen Vorschlag machen? Überlass deinen Sohn Jesus. Vertraue ihn dem Herrn an, er ist es, der sich um ihn kümmert." Dann nahm ich ihn in den Arm und betete für ihn.

Am nächsten Tag sah ich zu Beginn der Kurse einen Mann auf mich zueilen. Es war dieser Pastor. Mit einem breiten Lächeln sagte er: „Bruder, dies ist der erste Morgen seit Monaten, an dem ich ohne Angst aufgewacht bin!" Für ihn hatte sich die lange Reise nach Gopalpur schon allein wegen dieser Erfahrung gelohnt.

Natürlich gibt es Brüder und Schwestern im Glauben, die man nicht besuchen kann. Aber es gibt die Fürbitte. Für sie zu beten, heißt das nicht, sie ganz fest in die Arme zu nehmen? Und versuchen wir doch uns vorzustellen, was passieren würde, wenn niemand für sie beten würde. Das Fehlen geistlicher Unterstützung kann schwere Folgen haben. Deshalb betonte Paulus im Brief an die Korinther die Bedeutung der Gemeinschaft: „Wenn ein Glied leidet, so leiden alle Glieder mit" (1. Korinther 12,26). Erfahrungsgemäß schaffen es Menschen nur selten, solche tiefe Mutlosigkeit aus eigener Kraft zu überwinden. Sie müssen sich getragen fühlen, sei es durch konkrete Nähe oder durch eine entferntere Aktion wie zum Beispiel eine Petition für einen Gefangenen.

Der peruanische Oberst David de Vinatea, der erfolgreich gegen Drogenhändler kämpfte, zahlte einen hohen Preis. Er wurde zu Unrecht der Korruption angeklagt und zu 16 Jahren Haft verurteilt. Nach acht langen Jahren wurde er entlassen und voll umfänglich rehabilitiert. Trotz seiner großen Charakterstärke erlebte auch dieser Christ Momente tiefster Mutlosigkeit. Doch Besuche von Freunden, die manchmal sogar von anderen Kontinenten kamen, Tausende von Briefen und Karten der Unterstützung sowie eine Petition mit 11000 Unterschriften halfen ihm zum Glück, nicht in der Hoffnungslosigkeit zu versinken.

Doch nicht alle, die wegen ihres Glaubens leiden, erfahren eine solche Unterstützung. Es kommt auch vor, dass Informationen über tragische Fälle nicht weitergegeben werden können. Deshalb ist es Aufgabe aller Christen, eine ständige Gebetsbeziehung mit Gott dem Vater, dem Sohn und dem Heiligen Geist zu pflegen. Dann sind sie am Tag der Prüfung gewappnet, auch wenn sie allein sind, um zu widerstehen.

Entfernung von Gott

„Der gefährlichste Ort auf dieser Welt ist dort, wo man fern vom Willen Gottes ist", hat einmal ein Prediger gesagt.

Die Sünde hat zur Folge, dass man sich von Gott entfernt. Man sieht das in der Geschichte Israels, dem Volk des Bundes. Jedes Mal, wenn die Israeliten untreu wurden, wurden sie Gottes Geboten ungehorsam und beteten andere Götter an. Sie stellten Gott zurück. Als dann die Feinde kamen, standen sie allein. Sie hatten keinen Felsen mehr, auf den sie sich stützen konnten. Die Welt kann uns mit ihren Reizen locken, doch am Ende des Weges steht die Enttäuschung. Die Abwesenheit Gottes schafft ein Vakuum, in dem alles Platz findet, was Menschen versklaven kann. In seiner „Göttlichen Komödie" beschreibt Dante den Eingang zur Hölle als ein Tor, über dem die Inschrift steht: „Lass, der du eintrittst, alle Hoffnung fahren." Wo Gott fehlt, gibt es tatsächlich keine Hoffnung mehr. Das ist die Hölle, *der* Ort der Angst.

Dass wir es nicht besser machen als das Volk Israel, ist offensichtlich. Wir alle sündigen. Und die Sünde bewirkt ein Gefühl der Scham, aus dem heraus wir am liebsten vor Gott fliehen wollen. Das passt genau in die Taktik des Widersachers! Diese Entfernung von Gott schafft eine Verwundbarkeit, durch die die Angst sich einschleichen kann. Darum sollte es eigentlich der Reflex jedes Christen sein, der gesündigt hat, wie der sinkende Apostel Petrus Jesus die Hand entgegenzustrecken und zu rufen: „Herr, hilf mir!" (Matthäus 14,30) Gott bleibt treu, auch wenn wir untreu werden. Allerdings tadelte Jesus Petrus wegen seines Kleinglaubens, nachdem er ihn aus dem Wasser gezogen hatte. Für uns heißt das, unsere falsche Haltung ernsthaft zu bereuen.

Wer sich von Gott entfernt, wird auch anfällig für Schuldgefühle, die das Fundament der Gnade aufweichen und zu faulen Kompromissen führen. Mit anderen Worten, der Mut, zu unseren Überzeugungen zu stehen, wird aufgeweicht und wir trauen uns nicht mehr, das Evangelium weiterzusagen. Aber sind wir nicht dazu berufen, Zeugen für Jesus zu sein?

Der Psalmist kannte wie wir diese Entfernung von Gott und nahm sich vor: „Ich behalte dein Wort in meinem Herzen, damit ich nicht wider dich sündige" (Psalm 119,11). Für den, der sich nicht von Gott entfernen will, gibt es keinen besseren Rat.

Folgen der Angst

Falsche Wahrnehmung der Ereignisse

Es gibt natürlich keine wirkliche Rangordnung für die Folgen der Angst, aber eine der wichtigsten ist sicher die aus der Angst herrührende verzerrte Wahrnehmung. Sie kann alle anderen Aspekte des Lebens beeinflussen, zwischenmenschliche Beziehungen vergiften und die Zukunft belasten. Die Angst vor dem anderen ist so alt wie die Menschheit. Wie oft hat der Mensch nicht seinen Nächsten ausgegrenzt oder umgebracht, weil er in ihm eine Bedrohung sah?

Die Geschichte von König Saul, der David töten wollte, ist ein typisches Beispiel. Es gab kaum einen treueren Menschen als David, aber Saul sah in ihm den gefährlichen Konkurrenten. Der Gedanke verblendete ihn so, dass er zu einer regelrechten Wahnvorstellung wurde. Man muss sich nichts vormachen: Das gibt es auch heute noch unter Gläubigen. Wie viele Spaltungen, ob unter Menschen, Gemeinden oder Kirchen, entstehen deshalb, weil man im anderen den Feind sieht! Diese Angst verzerrt das Bild vom Nächsten und verbannt jede Regung von Bruderliebe in die hintersten Winkel der Seele.

Diese Angst vor dem anderen kann sich vor allem gegenüber Gläubigen anderer Religionen äußern. Der islamistische Terror zum Beispiel prägt das Denken so stark, dass die Versuchung groß ist, in jedem Muslim eine potenzielle Gefahr zu sehen. Das führt zu einer endlosen Spirale der Feindschaft.

Aber hat uns der Herr nicht dazu berufen, seine Zeugen zu sein? Wie können wir unserer Rolle als Botschafter der Gnade Gottes gerecht werden, wenn wir vor denen, zu denen wir gesandt sind, Angst haben? Sicher sollen wir nicht naiv sein. Deshalb rief Jesus die Jünger, als er sie aussandte, zur Wachsamkeit auf: „Siehe, ich sende euch wie Schafe mitten unter die Wölfe. Darum seid klug wie die Schlangen und ohne Falsch wie die Tauben" (Matthäus 10,16).

Punktuelle Gewaltakte können eine anhaltende kollektive Angst hervorrufen. Ihre Wirkung ist so groß, dass der Terrorismus sie zu einer seiner beliebtesten Waffen gemacht hat. Durch gezielte Attentate kann man eine Region, ja, ein ganzes Land, destabilisieren. In Ägypten haben gegen Touristen gerichtete Attentate die Wirtschaft des Landes mehrmals ernsthaft bedroht. Trotz aller Sicherheitsmaßnahmen und der geringen Wahrscheinlichkeit, ein erneutes Attentat zu erleben, blieben die Hotels monatelang leer. Zweimal bin ich während solcher Zeiten nach Ägypten gereist. Ich habe dort nie die geringste Bedrohung gespürt. Es war sogar sehr angenehm, die Touristenorte, die sonst überlaufen sind, in aller Freiheit und ohne Warteschlangen zu besuchen. Wichtig waren in diesem Zusammenhang aber vor allem unsere Besuche bei Christen. Sie fühlen sich schon in normalen Zeiten isoliert, darum hat ihnen unsere Gegenwart umso mehr Mut gemacht.

Dramatische Bilder, die großformatig im Fernsehen gezeigt werden, können uns vermitteln, dies sei die einzige Wirklichkeit, und eine allgemeine Angst hervorrufen. Wenn man nicht zwischen den Zeilen liest und sich gründlicher informiert, kann diese falsche Wahrnehmung eine defensive Haltung bewirken, eine Angst, die überall „Löwen" sieht. Als in Algerien der Terror herrschte, besuchten nur wenige Europäer das Land. Selbst die Christen, die dort regelmäßig Dienst taten, hörten damit auf. Es gab zahlreiche Attentate, und es wäre tollkühn gewesen, sich aus falsch verstandenem

Heldenmut in das Land zu begeben. Aber es gab den Leib Christi, einige Tausende von Gläubigen, die sich in dieser Not allein fühlten. Das Gefährlichste wäre gewesen, sie in ihrer Isolation allein zu lassen. Natürlich bestieg man das Flugzeug nach Algier mit Vorbehalten, aber einmal dort, stellte man fest, dass das Leben trotz allem weiterging und sich die Situation ganz anders darstellte, als man gemeint hatte. Der herzliche Empfang durch die Christen bestätigte, dass sich das Kommen gelohnt hatte. Sicher musste man vorsichtig sein, bestimmte Orte meiden, nichts herausfordern. Aber welche Freude, auch unter solchen Bedingungen das Evangelium des Friedens teilen zu können!

Die Welt mit Gottes Augen zu sehen, befreit von Angst und erlaubt, die Wirklichkeit zu erkennen, wie sie ist, mit ihrer Schönheit und ihren Gefahren. Die „Weißen Väter", eine Ordensgemeinschaft, in Nordafrika sehr bekannt wegen ihres Glaubenszeugnisses als Missionare, haben einen hohen Preis bezahlt. In Tizi Ouzou, einer Stadt in der Kabylei, in der sie uneingeschränkt respektiert waren, wurden am 27. Dezember 1994 vier von ihnen ermordet. Sie waren von fanatischen Islamisten bedroht worden, hatten sich aber entschlossen, trotzdem zu bleiben. Der Film „Von Menschen und Göttern" über sieben Mönche im algerischen Tibhirine greift diese Ereignisse auf. Ihre Berufung, in islamischem Gebiet ein Zeugnis des christlichen Glaubens aufzurichten, half ihnen, das Ziel im Auge zu behalten und die Angst zu überwinden. Sie sahen die Ereignisse richtig. Sie wussten, dass sie unter Umständen ihr Leben würden lassen müssen. Noch heute sind sie in der Erinnerung der Kabylen lebendig. Sie haben in die Praxis umgesetzt, was Jesus sagte: „Ich sage aber euch, meinen Freunden: Fürchtet euch nicht vor denen, die den Leib töten und danach nichts mehr tun können" (Lukas 12,4).

Misstrauen

Misstrauen entsteht aus einem Mangel an Vertrauen und bewirkt ein Gefühl des Argwohns, sodass man überall nur noch das Böse sieht. Unter gewissen Bedingungen kann ein ganzes Volk davon befallen werden. Häufig ist es eine der giftigen Früchte totalitärer Regime, die sich unter anderem durch die Förderung des Misstrauens in der Bevölkerung an der Macht halten. Als in der Sowjetunion die Verbreitung des christlichen Glaubens verboten war, wurden Verdächtigungen gestreut, um die Kirche von innen zu unterwandern. Wenn zum Beispiel ein Pastor verhaftet wurde, verbreitete die Polizei das Gerücht, er sei von einem Gemeindeglied denunziert worden. Manchmal waren sie auch so hinterhältig, dass sie zwei Christen gleichzeitig verhafteten, einen nach ein paar Stunden freiließen und den anderen länger im Gefängnis behielten. Der Verdacht legte sich dann auf den, der freigelassen worden war: Für die Freiheit hatte er wahrscheinlich Informationen über das Gemeindeleben preisgeben müssen. Viele Christen kannten diesen Mechanismus, dennoch entstand oft ein allgemeiner Geist des Misstrauens.

Ein russischer Freund verriet mir, ein Leiter seiner Kirche sei so misstrauisch, dass er selbst die eigene Frau verdächtigte. Die einzige Person, der er noch vertraute, war seine Tochter. Dieser Pastor hatte viele Anfechtungen erlitten. Wegen seiner großen Verantwortung fürchtete er ständig, er könnte von jemandem aus der Mitte der Gemeinde verraten werden. Auch wenn er in den Jahren im Arbeitslager gelernt hatte, Gott zu vertrauen – zu den Menschen hatte er kein Vertrauen mehr. Das ist einer der wirklich teuflischen Aspekte der Verfolgung. Deshalb sollte man Mitleid haben mit denen, die im Netz des Misstrauens gefangen sind.

Misstrauen untergräbt nicht nur das Leben der Gemeinschaft, sondern auch die Einheit unter den Kirchen. Pastor Hermann Hartfeld, der in der Sowjetunion wegen seines Glaubens zu sieben Jahren Haft verurteilt worden war, kam in eine Zelle mit zwei Christen einer anderen Konfession. Es dauerte drei Wochen, bevor sie ihm die Hand schüttelten, denn weil er Mitglied einer anderen Kirche war, waren sie überzeugt, Hartfeld sei ein Denunziant. Dabei waren sie alle drei aus ein und demselben Grund verhaftet worden: weil sie das Evangelium verkündigt hatten.

Misstrauen kann die engsten Beziehungen zerstören. Schädlich ist es auch deshalb, weil es von der Angst genährt wird und es in einer feindlichen Umgebung sehr schwer ist, davon loszukommen. Denn unter Druck kann es ja tatsächlich zu Verrat kommen.

Deshalb ist es in gewissen Situationen wichtig, Schranken aufzurichten, mit denen man dem Misstrauen widerstehen kann. Noch wichtiger aber ist es, zunächst einmal jedem Menschen wohlgesonnen zu sein. Dazu lädt uns auch folgendes Wort ein: „Die Liebe ist langmütig und freundlich, die Liebe eifert nicht, die Liebe treibt nicht Mutwillen, sie bläht sich nicht auf, sie verhält sich nicht ungehörig, sie sucht nicht das Ihre, sie lässt sich nicht erbittern, sie rechnet das Böse nicht zu" (1. Korinther 13,4-5).

Faule Kompromisse

Ein fauler Kompromiss ist ein Akt, mit dem man sein Gewissen betäubt. Er kann von persönlichem Interesse oder von Feigheit motiviert sein. Meist handelt es sich um eine schwer durchschaubare Kombination aus beidem. Vor die Wahl gestellt, können Gläubige versucht sein, jener Stimme zu folgen, die ihnen menschlich gesprochen den größten Nutzen oder den geringsten Verlust verheißt. Sie treffen ihre Wahl entweder nach ihrem Gewissen und ihrem Gottvertrauen oder nach ihren persönlichen Interessen und aus Angst vor Strafe.

Ich erinnere mich, wie ich persönlich einmal vor die Wahl gestellt wurde. Es war nicht so dramatisch, trotzdem musste ich mich entscheiden zwischen meinem Gewissen als Bürger und Christ und der Versuchung, um jeden Preis ein gutes Geschäft zu machen.

Als mein Vater starb, erbte ich eine Summe, die es mir erlaubte, ein Haus zu kaufen. Es war etwa zur selben Zeit, als wir, meine Frau und unsere vier Kinder, unsere Wohnung verlassen mussten, weil der Sohn des Eigentümers selbst dort einziehen wollte. Wir brauchten also schnell ein anderes Dach über dem Kopf. Nach einigem Suchen hatte ich ein Haus zum Kauf gefunden, das uns sehr zusagte. Es kam der Tag der Vertragsunterzeichnung. Im Beisein des Notars sagte der Verkäufer ganz unvermittelt zu mir: „Ich unterzeichne den Vertrag nur, wenn Sie bereit sind, mir eine bestimmte Summe an der Steuer vorbei schwarz zu zahlen." Würde ich das Haus verlieren, wenn ich mich weigerte? Wo sollte ich meine Familie unterbringen? Die Gedanken rasten mir durch den Kopf. In einem Stoßgebet bat ich Gott um Hilfe und empfand sofort ein Gefühl des Friedens. Ich antwortete: „Tut mir leid. Ich bin Missionar und das wäre gegen meine Überzeugungen."

„In Ordnung", erwiderte der Verkäufer. „Lassen Sie uns den Vertrag unterschreiben und nicht mehr davon reden!"

Die Geschichte mag banal klingen, aber sie war mir eine Lektion und hat mir geholfen, im Laufe meines Dienstes in

weit dramatischeren Situationen fest zu bleiben. Die folgende Mahnung von Jesus fasst es gut zusammen: „Wer im Geringsten treu ist, der ist auch im Großen treu; und wer im
Geringsten ungerecht ist, der ist auch im Großen ungerecht"
(Lukas 16,10).

Ohne gesunde Reaktion des Einzelnen führt der faule
Kompromiss in ein kontinuierliches Abdriften und in die
Entfernung von Gott. Während der Zeit der Verfolgung
in Osteuropa wurden oft gerade die Christen, die sich aus
Angst um ihre Stelle oder um die Sicherheit ihrer Kinder
in der Schule auf Kompromisse mit den atheistischen Behörden eingelassen hatten, zu den schlimmsten Feinden der
Gemeinde. Ich sage das nicht, um sie zu verurteilen, sondern um zu zeigen, dass der Satan mehr als einen Trick in
der Tasche hat.

Solche Kompromisse sind umso verhängnisvoller, wenn
sie nicht nur von Einzelnen eingegangen werden. Im Lauf
der Geschichte haben ganze Kirchen Kompromisse geschlossen. Im 20. Jahrhundert hat sich die orthodoxe Kirche, vor
allem auf der Leitungsebene, weitgehend mit der kommunistischen Macht eingelassen. Ihr Ziel war durchaus ehrbar: sich
mit dem Staat zu arrangieren, um ein Minimum an Freiheit
zu erlangen. Im Gegenzug musste gegenüber ausländischen
Besuchern oder während kirchlicher Besuche bei offiziellen
Stellen im Westen geleugnet werden, dass die Kirche verfolgt
wurde. Als Folge dieser gezielten Desinformation waren viele Kirchenleitungen der freien Länder nur schwer davon zu
überzeugen, dass es unter den Kommunisten Christenverfolgungen gab. Es gab jedoch Zeugen wie die orthodoxen
Priester Gleb Jakunin und Gheorghe Calciu, der eine Russe,
der andere Rumäne. Aber ihre Stimme fand im Westen kein
Echo. So konnte die Schließung Tausender von Kirchen und

die Verschickung Tausender von Christen in die Arbeitslager ungestört weitergehen.

Auch in Deutschland gingen während der Naziherrschaft viel zu viele Kirchen mit einer Macht, die Juden und andere Minderheiten verfolgte, Kompromisse ein – sei es aus Furcht oder aus Eigeninteresse. Dabei hätten sie die Stimme jener sein können, die im Namen einer teuflischen Ideologie in den Tod geschickt wurden. Mit ihrem Verhalten hätten sie in Deutschland wie im Ausland die Gewissen mobilisieren können, aber die meiste Zeit blieben sie stumm. Es stimmt, dass das Risiko, ein solches Regime zu kritisieren, beträchtlich, wenn nicht lebensgefährlich war. Doch was soll man dann mit diesem Wort von Jesu anfangen: „Niemand hat größere Liebe als die, dass er sein Leben lässt für seine Freunde" (Johannes 15,13)?

Man sieht: Kompromisse im großen Maßstab haben Konsequenzen, die weit über das hinausgehen, was man sich vorher vorstellen kann. Gott sei Dank hat es in allen Kirchen trotz allem immer wieder Männer und Frauen gegeben, die den Mut hatten, für die Wahrheit einzustehen.

Aufgabe des Glaubens

In Algerien wurde 2006 ein neues Gesetz erlassen, das Muslimen das Konvertieren untersagte. Auf Basis dieses Gesetzes wurden zum Beispiel sechs junge Christen mit islamischem Hintergrund verhaftet und beschuldigt, den Glauben ihrer früheren muslimischen Religionsgenossen zu beeinflussen. Es folgten die üblichen Einschüchterungen und die Androhung schwerer Sanktionen für den Fall, dass sie nicht zum Islam zurückkehrten. Von Angst ergriffen, schworen drei ihrem

Glauben an Jesus ab. Ein paar Stunden später wurden alle freigelassen, jene, die abgeschworen hatten, genauso wie jene, die standhaft geblieben waren. Seitdem hat man unter den Christen nichts mehr von den jungen Leuten gehört, die nicht die Kraft zum Widerstehen gehabt hatten. Was ging in ihren Köpfen vor? Wie konnte die Angst so groß werden? Waren sie zu jung im Glauben? Andererseits sind auch die Christen in Eritrea, die in Schiffscontainern gequält werden, zum großen Teil junge Leute.

In Indien, wo sich viele zum Christentum bekehren, sind die Reaktionen von fanatischen Hindus gegenüber Christen oft sehr heftig. Unter Androhung von Verfolgung wenden sich viele neue Christen, zumindest äußerlich, wieder ihrer alten Religion zu.

Hin und wieder kommt es vor, dass Fernsehsender solche Verfolgungen direkt übertragen, wie es zum Beispiel 2007 bei Pastor Walter Masih in Indien geschah. Ein Fernsehteam filmte die Fanatiker, wie sie mit Stöcken bewaffnet bei ihm eindrangen. Man sieht im Film, wie sie ihn erbarmungslos schlagen, während er „Jesus! Jesus!" ruft, bevor er zusammenbricht. Dann, als die Angreifer gehen, sieht man, wie sich Masih blutend erhebt, die Arme zum Himmel reckt und ruft: „Herr, erbarme dich ihrer, erbarme dich ihrer!" So endet die Direktreportage, von der es schwierig zu sagen ist, was sie beabsichtigen soll. Man sieht das Glaubenszeugnis eines Mannes, der geschlagen wurde, seinen Feinden vergibt und so die Macht des Geistes Gottes zeigt. Die Bilder können aber auch viele zögernde Christen dazu bewegen, ihren Glauben aufzugeben.

In einem anderen Land, in Ägypten, wenden sich jährlich etwa 15000 Christen dem Islam zu. Es sind bedauernswerte Menschen, die nicht das Nötigste zum Leben haben. Für sie, die in ständiger Furcht vor dem Morgen leben, ist die versprochene finanzielle Hilfe im Fall der „Bekehrung" zum Islam der rettende Strohhalm. Doch nach dem in ihren Ausweisen vermerkten Religionswechsel kommt die Ernüchterung, denn die Hilfe lässt auf sich warten und das ägyptische Gesetz ist unerbittlich: Es gibt kein Zurück zum christlichen Glauben, der Schritt ist unumkehrbar.

Die Beispiele könnten uns dazu verleiten, diese Christen zu verurteilen. Doch sollten sie im Gegenteil die Gemeinde wachrütteln, damit sie diese Elenden und alle anderen, die kurz davorstehen nachzugeben, unterstützt und damit sie die Gläubigen geistlich darauf vorbereitet, unter allen Umständen standhaft zu bleiben.

Haben diese Männer und Frauen, die sich aus Furcht, unter Drohungen und in Not von ihrem Glauben an Jesus lossagten, Gott wirklich verleugnet? Wenn ja, dann wird Gott sie auch verleugnen, denn Jesus hat gesagt: „Wer mich verleugnet vor den Menschen, den will ich auch verleugnen vor meinem himmlischen Vater" (Matthäus 10,33). Der Satz mag hart erscheinen, doch bei Gott gibt es auch immer eine zweite Chance. Wer kurz vor dem Untergehen die Hand nach ihm ausstreckt, den zieht er aus dem Wasser.

Verrat

Ist Verrat wirklich eine Folge von Angst? Sein Motiv ist oft Ehrgeiz, Eigeninteresse, Täuschung, Neid oder Rache. Doch sobald eine Zwangssituation vorliegt, steht auch die Angst im Hintergrund und kann als Auslöser dienen. Unter der Diktatur in Rumänien sagte ein Pastor: „Jesus hatte Judas – bei uns gibt es in jeder Kirche einen Judas." Wer waren diese rumä-

nischen Judasse? Die meisten wurden von der Polizei ange-
worben, die ihnen gewisse Vorteile anbot, im Austausch für
Informationen aus dem Leben der Gemeinde: Namen neuer
Mitglieder, Datum eines Taufgottesdienstes oder einer Evangelisation. Die Einladung zur Kollaboration wurde von Drohungen begleitet, wenn die Person nicht bereitwillig darauf
einging. Viele widerstanden mutig, andere jedoch knickten
ein, sei es aus Angst oder aus Eigennutz. Waren sie wirklich
Judasse? Schwer zu beurteilen. Andererseits muss man sich
bewusst machen, dass ein kleiner Verrat oft einen großen
nach sich zieht. Manche wurden tatsächlich die eifrigsten
Handlanger der Unterdrückung.

In der Geschichte der Eroberung des Balkans durch die
Osmanen ab dem Beginn des 15. Jahrhunderts gab es immer
wieder Hinwendungen von Christen zum Islam, vor allem
in der Oberschicht. Die meisten taten es, um Verfolgungen
oder der Besatzungssteuer zu entgehen oder aktiv an der
Macht teilhaben zu können. Unter diesen „Bekehrten" fanden sich dann oft die eifrigsten Widersacher der Kirche. Die
osmanische Besatzung des Balkans zeichnete sich durch un-
erbittliche Härte aus. Die Rekrutierung der Soldaten geschah
durch das „Einsammeln" junger Männer aus christlichen Familien, der „Knabenlese". Sie wurden mit Gewalt islamisiert
und fanatisiert. Anschließend mussten sie eine besonders in-
tensive und harte Kampfausbildung durchlaufen. Dann wurden sie den Janitscharen zugeteilt, einem Elitekorps, das von
den christlichen Heeren besonders gefürchtet war.

Wer seinen Glauben an Christus leugnete, um bewusst mit
einem derart brutalen Feind zusammenzuarbeiten, beging
Verrat. Aber konnten die Menschen wirklich die Folgen ihres
Handelns abschätzen? Taten sie es aus Eigeninteresse oder aus
Angst? Vermutlich war es eine Kombination aus beidem.

Nachlassen in der Verkündigung des Evangeliums

Die Angst, vor allem die kollektive Angst, kann das Leben einer Gesellschaft empfindlich stören. Sie hindert die Transparenz und beschädigt die zwischenmenschlichen Beziehungen. Die Meinungsfreiheit wird eingeschränkt. Man hat Angst, frei zu reden. Das Misstrauen schafft Abstand. Die Unsicherheit führt zu einem Rückzug ins Private, der leicht auch die Beziehung zu Gott beeinflusst. In einem solchen Klima nimmt die Verkündigung des Evangeliums ebenfalls ab. Die Angst vor möglichen Konsequenzen fördert die Passivität. Es stimmt, dass unter gewissen Umständen tatsächlich die Gefahr besteht, verfolgt zu werden. Jesus hat das den Jüngern deutlich gesagt: „Ihr aber seht euch vor! Denn sie werden euch den Gerichten überantworten, und in den Synagogen werdet ihr gegeißelt werden, und vor Statthalter und Könige werdet ihr geführt werden um meinetwillen, ihnen zum Zeugnis." Die Gefahr wird den Jüngern ohne Umschweife geschildert: Sie werden Verfolgung erleben. Aber das Ganze hat einen Zweck: Die Verfolgung soll zur Verkündigung der Guten Nachricht dienen. Jesus unterstreicht dies fast befehlsmäßig: „Und das Evangelium muss zuvor gepredigt werden unter allen Völkern" (Markus 13,9-10). Egal, welchem Widerstand sie begegnen, was vor allem anderen zählt, ist die Verkündigung der verändernden Kraft des Evangeliums.

Doch um den Worten des Herrn Folge zu leisten, muss man die Angst überwinden. Auch wenn es stimmt, dass Zeiten der Verfolgung die Kirche stärken, so zeigt die Geschichte doch auch – und das lässt sich nicht leugnen –, dass die Zeichen des Glaubenslebens abnehmen und sogar ganz verschwinden können. Das habe ich bei Reisen nach Albanien in den 1980er-Jahren mit eigenen Augen gesehen, wo nur noch ein paar winzige Anzeichen darauf hindeuteten, dass es noch einen kleinen „Rest" gab. Der Kampf gegen den Glauben hatte Wirkung gezeigt. „Das Reich der Angst kennt keine Lücken."[18] Das beste Mittel, diesem „Reich" zu entrinnen, ist, im Vertrauen vorwärtszugehen, wie auch der Herr seinen Jünger zusagt: „Und wenn sie euch hinführen und überantworten werden, so sorgt euch nicht vorher, was ihr reden sollt; sondern was euch in jener Stunde gegeben wird, das redet. Denn ihr seid's nicht, die da reden, sondern der Heilige Geist" (Markus 13,11).

Wie die Angst besiegen?

Ich sage aber euch, meinen Freunden: Fürchtet euch nicht
vor denen, die den Leib töten und danach nichts
mehr tun können.
Lukas 12,4

In einer lebendigen Beziehung zu Gott bleiben

Das Wichtigste im Kampf gegen die Angst ist, in einer leben-
digen Beziehung zu Gott zu bleiben. Diese Beziehung hilft
uns, an der Gewissheit festzuhalten, dass wir niemals allein
sind. Augenblicke der Verunsicherung sind unvermeidlich,
wenn man Feindschaft begegnet. Trotzdem darf man nicht
vergessen, dass einzig und allein Jesus am Kreuz wirklich völlig verlassen war. Das war der Preis, den er zahlen musste,
um den Tod zu besiegen. Christen hingegen stehen immer
unter dem wachsamen Schutz des Vaters. Das heißt natürlich
nicht, dass sie nicht manchmal brutal angegriffen werden.
Ich habe Christen kennengelernt, die Unsägliches erlebt hatten. Obwohl sie einen Heilungsprozess durchlaufen haben,
sind sie fürs Leben gezeichnet. Natürlich handelt es sich um
extreme Fälle, aber sie zeigen, dass ein Engagement im Glauben, egal wie es aussieht, nicht ohne Verwundungen abgeht.
Hat nicht auch der Apostel Paulus den Galatern geschrieben:
„Ich trage die Malzeichen Jesu an meinem Leibe" (Galater
6,17)? Das ist Realität.

Doch unter den Augen Gottes präsentieren sich die Nar-
ben in einem anderen Licht. Ist uns der Herr Jesus nicht vo-
rausgegangen, indem er das schwerste Leid erduldete? Alan

Yuan, ein chinesischer Pastor, der wegen seines Glaubens 20 Jahre im Gefängnis verbrachte, sagt: „Zwanzig Jahre – was ist das, verglichen mit dem Kreuz?" Trotz oder vielleicht gerade wegen ihrer Anfechtungen haben diese Christen von gestern und heute ihren Dienst mit einer ganz neuen Hingabe an die Menschen fortgeführt. Sie haben gelernt, die Angst zu überwinden, indem sie unter der Gnade Gottes blieben. Wie es der Theologe Karl Barth in seinem Kommentar zum Römerbrief schrieb: „Gnade ist die Kraft des Gehorsams."[19] Ja, es ist der Gehorsam, der es möglich macht, der Sünde zu widerstehen und nahe bei Gott zu bleiben. Die Gnade, das ist auch die Kraft, alle Schwächen, die man als Sünder hat, zum Vater zu bringen.

1985 waren meine Frau und ich in Moskau bei Pastor Anatoli Wlassow, um eine geheime Ladung Bibeln abzuliefern. Während unseres Besuchs erzählte er, was er in den fünf Jahren Arbeitslager, zu denen er wegen seines Glaubens verurteilt worden war, erlebt hatte. Zusammen mit anderen Christen war er einer äußerst schweren Arbeit zugeteilt worden. Jeden Tag mussten sie eine bestimmte Menge Steine hauen. Wenn sie die erforderliche Anzahl Tonnen nicht schafften, wurde am nächsten Tag die Essensration gekürzt und außerdem mussten sie den Rückstand aufholen. Mehrmals wiederholte Wlassow mit einem breiten Lächeln: „Wir haben viel gelitten. Wir haben viel geweint. Aber wir hatten Frieden." Man sah keine Spur von Verbitterung in seinem Gesicht. Immer behielt er sein freundliches Lächeln. Trotz aller Schwierigkeiten ging er das Risiko ein, sich von Ausländern Bibeln bringen zu lassen. Es hätte ihm eine erneute Strafe einbringen können, aber er hatte keine Angst mehr. Er hatte gelernt zu vertrauen. Sein Beispiel ist eine gute Bestätigung für das Bibelwort: „Darum lasst uns hinzutreten mit Zuversicht zu dem Thron der Gnade, damit wir Barmherzigkeit empfangen und Gnade finden zu der Zeit, wenn wir Hilfe nötig haben" (Hebräer 4,16).

Sein Kreuz auf sich nehmen

Eine unter dem Namen Mama Kwang bekannte chinesische Christin war bei der Verbreitung des Evangeliums in China besonders aktiv und dies in einer Zeit, als das von der Regierung streng verboten war. Trotz ihrer Kühnheit wurde sie oft von der Angst gequält, verhaftet oder misshandelt zu werden. Jahre später vertraute sie einem Freund an: „Jedes Mal, wenn ich auf das Kreuz sah, hatte ich Angst. Aber in dem Moment, wo ich mein eigenes Kreuz auf mich nahm, hatte ich Frieden." Und mit diesem Frieden evangelisierte sie mutig weiter. Dann wurde sie festgenommen und zu acht Jahren Haft verurteilt. Doch sie beklagte nicht ihr Schicksal, sondern nutzte die Gelegenheit, um die Gute Nachricht zu verkünden. Man kann wohl sagen, dass sie dafür am richtigen Ort war, denn viele der inhaftierten Frauen bekehrten sich und fanden Hoffnung in Jesus.

Wieder auf freiem Fuß, widmete sich Mama Kwang der geheimen Verteilung von Bibeln, einer hoch riskanten Angelegenheit. 1981 koordinierte sie die Abwicklung der „Operation Perle" auf chinesischem Gebiet. Dabei ging es um die Verteilung von einer Million Bibeln an die Hauskirchen im ganzen Land. Diese Bibeln waren per Schiff geschmuggelt und am südchinesischen Strand abgeladen worden. Die gelungene „Operation Perle" war vermutlich der größte Bibelschmuggel aller Zeiten.

„Sein Kreuz auf sich nehmen" – ein Wort, das herausfordert. Ist ein Kreuz, und sei es noch so klein, nicht immer zu schwer zum Tragen? Wenn man nur an sich selbst denkt, dann scheint oft die kleinste Last noch zu schwer. Aber wenn man auf Jesus hört, ändert sich die Perspektive. „Will mir jemand nachfolgen, der verleugne sich selbst und nehme sein Kreuz auf sich und folge mir. Denn wer sein Leben erhalten will, der wird's verlieren; wer aber sein Leben verliert um meinetwillen, der wird's finden" (Matthäus 16,24-25). Das klingt fast wie ein Befehl, und die Bedingungen für die Nachfolge des Meisters scheinen anspruchsvoll. Doch wenn wir auf Jesus schauen und den Wunsch haben, ihm ähnlich zu werden und ihm zu dienen, dann hilft uns die Gnade, die wir im Gegenzug empfangen, uns selbst zu verleugnen und unser Kreuz auf uns zu nehmen, ohne dabei zu fürchten, wir würden etwas verlieren oder unter der Last zusammenbrechen. „Denn mein Joch ist sanft, und meine Last ist leicht", sagt Jesus (Matthäus 11,30).

Treu sein und bleiben

Im Hebräerbrief steht, dass Jesus „versucht worden ist in allem wie wir" (siehe Hebräer 4,15). Und doch kann jeder, der in eine gefährliche Situation gerät, versucht sein aufzugeben, zurückzuweichen. Es ist ein absolut menschlicher Reflex, das eigene Leben oder die Freiheit retten zu wollen. Aber ist es nicht Feigheit, dem Feind die Oberhand zu lassen, wenn sich herausstellt, dass die Folgen allem widersprechen, was das eigene Gewissen einem sagt? Sicher gibt es Situationen, in denen Flucht die beste Lösung ist. Doch wenn man nicht entrinnen kann, soll man dann dem Widersacher nachgeben und zum Beispiel das Leben seiner Freunde in Gefahr bringen? Bestimmt nicht, und das ist sicher jedem bewusst. Dennoch ist die Versuchung, unter Druck nachzugeben, durchaus real.

Ich selbst habe einmal eine Situation erlebt, von der ich hier erzählen möchte, auch wenn sie natürlich bei Weitem nicht so gefährlich war wie das, was verfolgte Christen in der Sowjetunion durchmachen mussten.

Nachdem wir die Bibeln bei Pastor Anatoli Wlassow in Moskau abgeliefert hatten, fragte er, ob wir für ihn ein paar vertrauliche Dokumente über die Kirche mit in den Westen nehmen würden (der damals als freie Welt betrachtet wurde). Da wir ein Fahrzeug mit Geheimfächern hatten, sagte ich gern zu. Kurz vor der Abfahrt sagte er noch: „Wenn ihr beim Verlassen der Sowjetunion bei der Zollkontrolle durchsucht werdet, achtet darauf, dass ihr nicht meinen Namen nennt. Es könnte mich teuer zu stehen kommen. Vor ein paar Jahren habe ich zwei Christen, Ausländern wie ihr, ähnliche Dokumente mitgegeben. Bei der Durchsuchung am Grenzposten haben die Zöllner sie gefunden, weil sie nicht gut genug versteckt waren. Sie haben die beiden Männer verhört und die haben aus Angst meinen Namen preisgegeben." Darauf wurde Anatoli verhaftet, verhört und wieder freigelassen, aber noch lange von der Polizei überwacht.

„Ehe ihr fahrt, möchte ich euch noch einen Bibelvers mitgeben." Ich erwartete ein Wort der Ermutigung für die lange Rückfahrt. Deshalb war ich nicht wenig überrascht, als ich hörte: „Sei getreu bis an den Tod, so will ich dir die Krone des Lebens geben" (Offenbarung 2,10). Ich hätte mir kaum etwas Deprimierenderes vorstellen können, aber der Vers ging uns nicht mehr aus dem Kopf!

Nach ein paar Tagen Fahrt erreichten wir bei Viborg den Grenzübergang von der Sowjetunion nach Finnland. Wie erwartet durchsuchten die Sowjets unseren Wagen von oben bis unten. Sie montierten die Räder ab, nahmen die Sitze heraus und sogar das Lenkrad, um herauszufinden, ob wir irgendwelche Filme versteckt hatten. Sie hatten uns im Verdacht, Brücken fotografiert zu haben! Nach rund drei Stunden fing ich an, unruhig zu werden. Die Polizeihunde, die sie in der Nähe hielten, wirkten ziemlich bösartig und sahen aus, als seien sie kurz vor dem Zuschnappen. Einer der Zöllner, der ständig vor uns auf und ab ging, spuckte vor meinen Füßen aus und stieß dann mit einer Eisenstange, mit der er die Hohlräume des Wagens abgeklopft hatte, direkt vor meinen Fußspitzen heftig auf den Boden. Um die Atmosphäre noch etwas zu „verbessern", hatte er unsere Pässe so in seine Jackentasche gesteckt, dass sie gerade noch sichtbar waren. Es schien, als wollte er uns sagen: „Seht, da hinten, auf der anderen Seite der Schranke … da ist Finnland … aber ihr seid noch nicht da!" Die Atmosphäre war so geladen, dass ich für einen kurzen Augenblick versucht war, ihnen zu sagen, sie sollten aufhören, und zu gestehen, dass wir geheime Dokumente hatten. Doch kaum war der Gedanke gekommen, da fiel mir auch schon der Vers ein, den Anatoli uns gegeben hatte: „Sei getreu bis an den Tod …", und der schenkte mir eine Kraft, die meine Perspektive total veränderte. „Du bist hier, um zu siegen, nicht um zu verlieren", sagte ich mir. Und sofort war die Angst verschwunden.

Die Zöllner fanden nichts und ließen uns schließlich gehen. Als ihr Chef mir die Pässe zurückgab, meinte ich in seinen Augen so etwas wie Enttäuschung zu sehen. Er grüßte uns nicht. Das machte uns allerdings nichts aus und erleichtert fuhren wir nach Finnland, in die Freiheit.

Im Angesicht der Angst erweist sich Gottes Wort als eine Macht, die unser Verstehen übersteigt. Es ist „lebendig und kräftig und schärfer als jedes zweischneidige Schwert" (Hebräer 4,12). Deshalb lernen die verfolgten Christen oft ganze Bibelabschnitte auswendig. Durch den Heiligen Geist wirkt das Wort im rechten Moment viel mehr, als was wir verstehen (siehe Epheser 3,20).

Gottes Wort erinnert uns ebenso daran, dass der Herr, auch wenn er in allem versucht wurde wie wir, doch ohne Sünde blieb. „Er ward gehorsam bis zum Tode, ja zum Tode am Kreuz" (siehe Philipper 2,8), dort, wo die Angst durch den Tod besiegt wurde.

Im Angesicht der Angst gelten auch uns die Verheißungen, die in jedem der Briefe (Sendschreiben) an die sieben Gemeinden in der Offenbarung genannt werden: „Wer überwindet, dem will ich … geben."

Furchtlos handeln

Furcht ist nicht in der Liebe, sondern die vollkommene
Liebe treibt die Furcht aus; denn die Furcht rechnet mit
Strafe. Wer sich aber fürchtet, der ist nicht
vollkommen in der Liebe.
1. Johannes 4,18

Pastor Simeon Popov war bei den evangelischen Christen Bulgariens eine bekannte Autorität. Obwohl seine Gemeinde offiziell registriert war, überwachte die Polizei alle seine Aktivitäten, da er sich nicht an die von den Behörden verordneten Einschränkungen hielt, vor allem was das Evangelisieren betraf.

Eines Tages sollte für die Neubekehrten seiner Gemeinde ein Taufgottesdienst gefeiert werden. Das war verboten;

deshalb hatten sie für den Gottesdienst früh am Morgen das Ufer eines nahe gelegenen Flusses als Ort gewählt. Das Datum wurde geheim gehalten. Am Vortag jedoch erfuhr Simeon, dass die Polizei trotzdem auf dem Laufenden war. Ein anderer hätte das Ganze vielleicht abgesagt oder zumindest verschoben, doch er ließ sich nicht stören und die Gruppe versammelte sich wie geplant.

Am nächsten Morgen früh um fünf Uhr zogen sich die Täuflinge um und legten weiße Kleider an. Die ganze Gruppe war bereit. Da sah Simeon, wie sich hinter den Büschen ein paar Schatten bewegten. Ihm war sofort klar, dass es sich um Agenten des Geheimdienstes handelte, die ihn ausspionieren wollten. Er entdeckte einen mit einem Fotoapparat, der sich schlecht versteckt hatte. Ohne zu zögern rief er ihm zu: „He, Sie … kommen Sie mal her!" Ganz verblüfft über seine Entdeckung leistete der Mann dem Aufruf Folge. „Da Sie schon mit Ihrem Apparat hier sind, könnten Sie da nicht ein Foto von unserer Gruppe machen?" Der Polizist war dermaßen überrascht, dass er den Wunsch erfüllte, ohne irgendwelche Fragen zu stellen. Dann fand die Taufzeremonie statt wie vorgesehen!

Ein paar Tage später machte der Agent sich sogar die Mühe, Simeon das Foto zu bringen, der es sorgsam hütete und noch ein paar Abzüge machen ließ. Ich selbst darf einen davon in meinem Büro aufbewahren!

Simeon war ein Mann des Herzens und das hatten die Polizisten wohl auch gespürt. Er hatte gewagt, sie herauszufordern, doch er war nicht arrogant. Hatten sie in ihm wohl die Liebe Christi erkannt, der die Angst vertreibt?

Epilog

Ende der 1980er-Jahre hatte ich die ganz besondere Ehre, Vater Gheorghe Calciu in der Schweiz zu empfangen. Er war gekommen, um Zeugnis abzulegen von den 21 Jahren, die er in Rumänien im Gefängnis verbracht hatte, und über die Christenverfolgungen in seinem Land zu berichten. Viele kamen, um ihn zu hören, und waren berührt von diesem Mann des Glaubens.

Er hatte die Hölle erlebt und hätte seine Folterer hassen können, doch er zeigte Mitgefühl. Der Herr hatte ihn gelehrt, die Feinde zu lieben. Sein Zeugnis war das eines Mannes, der der Angst begegnet ist und sie überwunden hat. In der Sendung eines lokalen Fernsehsenders schloss er seine Botschaft mit den folgenden Worten, die etwas vom tiefen Glauben dieses Mannes offenbaren:

Solange Gott mit uns ist,
kann uns das Leid dieser Welt nie besiegen.
Wenn die Könige uns in die Löwengrube werfen,
hält Gott den Tieren das Maul zu.
Wenn die Könige uns töten,
setzt der Sohn Gottes uns die Märtyrerkrone auf.
Wenn die Könige uns befehlen zu schweigen,
reden wir noch lauter,
weil Gott sein Wort in unseren Mund legt.
Wenn wir in Not und Traurigkeit sind,
ist Jesus unsere Freude.

Dank

Von all den Personen, die mir Mut gemacht haben, dieses Buch zu schreiben, möchte ich besonders jenen danken, die mir mit ihren Korrekturen, Ratschlägen und ihrem Gegenlesen wertvolle Hilfe geleistet haben:

François Cuche, Lausanne,

Pastor Hamadou Saidou, Yaoundé/Kamerun,

meiner Frau Micheline.

Anmerkungen

1.   Pierre Corneille, Polyeucte martyr (Tragödie), 1643
2.   Pierre Manoni, La Peur, Presses Universitaires de France, Paris 1982
3.   Le Petit Robert
4.   Christophe André, Psychologie de la peur, Odile Jacob, Paris 2005
5.   Manoni, ebenda
6.   T.S. Eliot, Mord im Dom, in: derselbe, Die Dramen, Suhrkamp, Frankfurt am Main 1966, S. 55-56
7.   Enver Hoxha (1908-1985), an der Macht von 1944-1985
8.   Polykarp (69-155 n. Chr.). Tertullian (etwa 160-220 n.Chr.). Smyrna, das heutige Izmir, liegt an der Westküste der Türkei. Auszug aus: J. Erb, Die Wolke der Zeugen, 1. Bd., Kassel o. J., S.18-19
9.   Hauptstadt der gleichnamigen Provinz im Süden von Laos
10.   Youssef Courbage/Philippe Fargue, Chrétien et Juifs dans l'Islam arabe et turc, Payot, Paris 1997
11.   Die Zeit des Terrors in Algerien dauerte von 1992 bis Anfang der 2000er-Jahre. Der Terrorismus forderte rund 200000 Opfer, die meisten Zivilisten.
12.   Descartes (französischer Philosoph) in: Les passions de l'âme, zitiert bei: Jean Delumeau, La Peur en Occident, Fayard, Paris 1982
13.   Dietrich Bonhoeffer, deutscher Theologe (1906-1945), starb als Märtyrer
14.   Alexander Solschenizyn (1918-2008), russischer Schriftsteller, 1945-1950 inhaftiert
15.   Irina Ratuschinskaja, Grau ist die Farbe der Hoffnung, München 1988. In diesem Buch berichtet sie über ihre Erfahrungen im sowjetischen Lager

[16] Bat Ye'or, Les chrétientès d'Orient entre jihad et dhimmitude, Editions du Cerf, Paris 1997

[17] Laotse, chinesischer Philosoph im 6. Jahrhundert v. Chr., zitiert aus: Rudolf Walter, Gelassenwerden, Herder Verlag, Freiburg 1996

[18] Manoni, La Peur

[19] Karl-Barth-Gesamtausgabe, 2. Aufl. 1922, Nachdruck TVZ, Zürich 2010

Der Dienst von Open Doors

Über 100 Millionen Menschen leiden heute aufgrund ihres christlichen Glaubens unter Benachteiligung und Verfolgung. Manchen wird verboten, Gottesdienste zu besuchen oder sich zum Gebet zu versammeln. Wieder andere werden wegen ihres Glaubens an Jesus Christus gefoltert oder gar ermordet. Open Doors ist ein überkonfessionelles christliches Hilfswerk, das sich seit über 50 Jahren weltweit für verfolgte Christen einsetzt.

Wie es begann

Die Arbeit begann 1955 mit dem Schmuggeln von Bibeln hinter den Eisernen Vorhang. Damals brachte der Holländer Anne van der Bijl, der als Bruder Andrew oder – nach seiner Bestseller-Autobiografie – als „Der Schmuggler Gottes" bekannt wurde, Bibeln in Länder von Polen bis nach China. Heute ist Open Doors in rund 50 Ländern aktiv, vor allem in Asien, Afrika und dem Nahen und Mittleren Osten.

Schwerpunktbereiche unseres Dienstes

- Verteilung von Bibeln und christlichem Schulungsmaterial
- Ausbildung von Pastoren und Mitarbeitern der Untergrundgemeinden
- Gefangenenhilfe und Unterstützung der Familien von ermordeten Christen
- Aufbau von Zufluchtsstätten für ehemalige Muslime, die Christus angenommen haben

- Soziale Hilfsprojekte für mittellose Christen in der Verfolgung (Hilfe zur Selbsthilfe)
- Nothilfeprojekte in Konflikt- und Katastrophengebieten
- Information, Gebets- und Hilfsaufrufe an die Christen in der freien Welt

Was Sie tun können

Wer für verfolgte Christen beten möchte, kann das monatliche Open Doors-Magazin kostenlos beziehen.

Darin gibt es aktuelle Berichte von der verfolgten Kirche, konkrete Gebetsanliegen für jeden Tag des Monats und Projektbeispiele.

Darüber hinaus gibt es eine Vielzahl von Möglichkeiten, sich für verfolgte Christen zu engagieren. Gerne kommen Mitarbeiter von Open Doors auch zu Vorträgen oder zu Predigten in Ihre Gemeinde. Sprechen Sie uns an:

Open Doors Deutschland
Postfach 1142, 65761 Kelkheim
Telefon +49-(0)6195-6767 0
Telefax +49-(0)6195-6767 20
Internet: www.opendoors-de.org
E-Mail: info@opendoors-de.org
Postbank Karlsruhe,
BLZ 66010075, Konto 315185750

Open Doors Schweiz
Postfach 147,
CH-1032 Romanel s/Lausanne
Telefon +41-(0)21-731 01 40
Telefax +41-(0)21-731 01 49
Internet: www.opendoors.ch
E-Mail: info@opendoors.ch
Postkonto Schweiz: 34-4791-0

www.opendoors-de.org
www.facebook.com/opendoorsDE

Paul Estabrooks
Flucht aus dem Paradies
Die atemberaubende Geschichte
einer Familie aus Nordkorea

144 S., Taschenbuch,
ISBN 978-3-7655-3949-7

Pil Soo musste etwas tun! Seine Familie hungerte. Vom Staat
war im „Paradies" Nordkorea keine Hilfe zu erwarten, da
erfährt er: Es gibt einen Fluchtweg nach China! Mehrfach
gelangt er heimlich dorthin und kehrt jedes Mal reich be-
schenkt zurück. Bis die nordkoreanische Geheimpolizei
davon erfährt …

Soon Ok Lee
Lasst mich eure Stimme sein!
Sechs Jahre in Nordkoreas
Arbeitslagern

192 S., Taschenbuch,
ISBN 978-3-7655-3848-3

Sie glaubte der Propaganda. Sie hatte eine gute Position
in der Wirtschaft. Da gerät sie durch eine Intrige in einen
Machtkampf zwischen Partei und Sicherheitsapparat. Trotz
ihrer Treue zur Partei wird Soon Ok Lee zu 13 Jahren Arbeitslager verurteilt und erträgt dort unvorstellbare Leiden.

Bruder Andrew
Verräter ihres Glaubens
Das gefährliche Leben von Muslimen, die Christen wurden

416 S., Taschenbuch,
ISBN 978-3-7655-4019-6

Ahmed war von Jesus so fasziniert, dass er in der Moschee
öffentlich eine sehr gefährliche Frage stellte. Den anschlie
ßenden Schlägen und Misshandlungen seiner Familie konnte er nach einigen Tagen entkommen. Doch wohin jetzt?
Er musste untertauchen. Noch mehr jungen Männern und
Frauen geht es ähnlich. Sie suchen nach einem Ausweg …

Bruder Andrew
Gott versetzt Berge,
wenn wir ihn bitten
Erfahrungen des „Schmuggler Gottes"
mit der Macht des Gebets

160 S., Taschenbuch,
ISBN 978-3-7655-3897-1

Aufrüttelnde Einsichten eines Menschen, der immer wieder alles auf die „Karte Gottes" gesetzt hat. Aber darf man
wirklich Gott bitten, seine Pläne zu ändern? Sollten Christen
nicht immer beten: „Dein Wille geschehe?" Der „Schmuggler
Gottes" stellt infrage, was er christlichen Fatalismus nennt.
Er belegt mit aufregenden Einblicken seine Gebetserfahrungen: Gott versetzt sogar „Berge", wenn wir ihn bitten …

Jan Vermeer
Das Haus mit dem Zeichen

Eine Geschichte über
Freundschaft, Verrrat und
Vergebung in Nordkorea

272 S., Taschenbuch,
ISBN 978-3-7655-4136-0

Bitterer Hunger herrscht in Nordkorea. Wenn man keinen Parteiposten hat, bleiben zum Essen nur Blätter und Gras. Der junge Zhang macht sich auf den Weg ins große Nachbarland China. Sein bester Freund Jin begleitet ihn. Die beiden 19-Jährigen haben sich geschworen, ihr ganzes Leben füreinander einzustehen. In China findet Zhang Rettung im Haus mit dem unbekannten Zeichen. Nach seiner Rückkehr muss er unter dramatischen Umständen erkennen, dass sein Freund ihm nicht mehr die Treue hält. Trotz aller Tragik endet seine Geschichte in einem Finale der Hoffnung. Eine Geschichte von Liebe, Schmerz, Hoffnung und Vergebung.